RADIÔNICA E RADIESTESIA

Dra. Jane E. Hartman

RADIÔNICA E RADIESTESIA

Manual de Trabalho com Padrões de Energia

Tradução
MARCELO BRANDÃO CIPOLLA

Editora
Pensamento
SÃO PAULO

Título original: *Radionics & Radiesthesia.*

Copyright © 1999 Jane E. Hartman.

Copyright da edição brasileira © 2006 Editora Pensamento-Cultrix Ltda.

1ª edição 2006.

12ª reimpressão 2025.

Todos os direitos reservados. Nenhuma parte deste livro pode ser reproduzida ou usada de qualquer forma ou por qualquer meio, eletrônico ou mecânico, inclusive fotocópias, gravações ou sistema de armazenamento em banco de dados, sem permissão por escrito exceto nos casos de trechos curtos citados em resenhas críticas ou artigos de revistas.

A autora e, respectivamente, a Editora não se responsabilizam por quaisquer efeitos resultantes do uso das técnicas terapêuticas e outras técnicas descritas neste livro.

A Editora Pensamento não se responsabiliza por eventuais mudanças ocorridas nos endereços convencionais ou eletrônicos citados neste livro.

Dados Internacionais de Catalogação na Publicação (CIP)
(Câmara Brasileira do Livro, SP, Brasil)

Hartman, Jane E.
   Radiônica e radiestesia : manual de trabalho com padrões de energia / Jane E. Hartman ; tradução Marcelo Brandão Cipolla. -- São Paulo : Pensamento, 2006.

   Título original : Radionics & radiesthesia.
   ISBN 978-85-315-1458-6

   1. Medicina alternativa 2. Radiestesia 3. Radiônica
I. Título.

06-5268   CDD-615.85

Índices para catálogo sistemático:
1. Radiestesia : terapia alternativa 615.85
2. Radiônica : terapia alternativa 615.85

Direitos de tradução para a língua portuguesa adquiridos com exclusividade pela
EDITORA PENSAMENTO-CULTRIX LTDA., que se reserva a
propriedade literária desta tradução.
Rua Dr. Mário Vicente, 368 – 04270-000 – São Paulo, SP – Fone: (11) 2066-9000
E-mail: atendimento@editorapensamento.com.br
http://www.editorapensamento.com.br
Foi feito o depósito legal.

Aos meus alunos —

Que vocês estejam sempre

na Luz

Agradecimentos

AGRADEÇO sinceramente às seguintes pessoas e instituições pela permissão de citar publicações ou reproduzir textos: Perry Coles, presidente da Fundação Lucis (livros de Alice A. Bailey, especialmente *Esoteric Psychology I & II*, *Esoteric Healing*, *A Treatise on Cosmic Fire* e *A Treatise on White Magic*); a sra. Jean Westlake Cormack, filha do dr. Aubrey T. Westlake (padrão do Diamante Estático); o dr. Christopher Hills e a University of the Trees Press (o padrão Magnetron); a dra. Hazel Parcells (Formulário de Avaliação de Parcells); a Associação Britânica de Radiônica, Vicki Roberts, editora da revista *The Radionic Quarterly*, e John Walker, *chairman* (definição de radiônica); Aart Jurriaanse, da África do Sul, por ter escrito *Bridges*; Hedda Lark da DeVorss & Co. (*Through the Curtain*, de V. P. Neal e S. Karagulla); John Pasmantier da Grove Press (*The Science of Homeopathy*, de George Vithoulkas); The Theosophical Publishing House de Madras, na Índia, e de Wheaton, Illinois (*The 7 Human Temperaments*, de Geoffrey Hodson); C. W. Daniel Co. Ltd. (*Chakras, Rays and Radionics,** de David V. Tansley; *An Introduction to Medical Radiesthesia and Radionics*, de V. D. Wethered; e *Aluminium Utensils and Disease*, de H. Tomlinson, MD); Harper & Row (*The Way of the Shaman*, de Michael Harner, e *Seven Arrows*, de Hyemeyohsts Storm); Aquarian Press, Thorson's Publishing Group Ltd. (*The Seven Rays*, do dr. Douglas Baker); Routledge & Kegan Paul (*The Raiment of Light*, de David V. Tansley); e Skip Gordon da Rudolf Steiner Press.

---

* *Charkas, Raios e Radiônica*, publicado pela Editora Pensamento, São Paulo,

Além disso, dedico minha gratidão e meu amor às seguintes pessoas pela sua ajuda, pelo encorajamento e por ter podido usar seus trabalhos: a sra. Margaret Belsham da Magneto Geometric Applications, na Inglaterra, por ter me ajudado generosamente no decorrer dos anos (formulário de análise e citação de Malcolm Rae); o dr. John Hyslop, presidente do Conselho Sathya Sai Baba dos Estados Unidos (citações dos discursos e ditos de Sathya Sai Baba); a dra. Jean G. Brown por sua preciosa assistência técnica e apoio; Roslyn Eisenberg pela ajuda e pelos conselhos editoriais; Anita Hight-Perry pelos desenhos e pelo projeto gráfico; Chad Perry por sua capacidade editorial profissional; Allachaquora por seu conhecimento de terapia com pedras preciosas e semipreciosas; e Nancy Long, Virginia Lampson, Elizabeth Nachman, Richard Katz, Ann McIntyre e os muitos outros que me encorajaram a escrever.

Um muito obrigada todo especial à dra. Gladys T. McGarey e a Brooke Medicine Eagle por encontrar tempo, no meio de suas vidas tão ocupadas, para ler o manuscrito e oferecer preciosas contribuições à primeira edição deste livro.

Concluindo, gostaria de agradecer aos professores, colegas e amigos que contribuíram com muitos novos textos acrescentados a esta edição: Poonam e Vinvd Nagpal, da Fundação Sai Sanjeevini da Índia; Michael Blate, diretor-executivo do Instituto G-Jo, pela ajuda e orientação; Lutie Larsen, por sua preciosa contribuição atualizada sobre a agricultura de base radiônica; Shelley Donnelly, por seu trabalho fascinante com a Pranamônica; Oceana Lowry, por seu trabalho inovador com as cores; Erla Mae Larson e Jean Kinne, pela inestimável ajuda; e a animada equipe editorial e de produção coordenada pela incrível Ellen Kleiner. Amo todos vocês!

Créditos

As seguintes contribuições foram escritas especialmente para esta edição:

"Um olhar sobre a agricultura apoiada pela radiônica", na p. 102, copyright © 1999 Lutie Larsen; "A pirâmide como um instrumento radiônico", na p. 96, copyright © 1999 Oceana Lowry; "Rumo ao futuro com a pranamônica", na p. 105, copyright © 1999 Shelley Donnelly; "O mistério da criação", na p. 108, copyright © 1999 Oceana Lowry; e "Chakra Chips" ou Placas para os Chakras, na p. 111, copyright © 1999 Oceana Lowry.

Sumário

Prefácio à segunda edição
por Lutie Larsen 15

Prefácio à primeira edição
pela dra. Gladys T. McGarey 19

Introdução.. 21

Capítulo 1
A Natureza dos Sistemas Energéticos.............................. 25
Microcosmos do Universo

Capítulo 2
Nossos Corpos Invisíveis 32
Influências sobre o Ser Físico

Capítulo 3
Os Chakras e as Glândulas Endócrinas 38
Da Energia Sutil à Estrutura Física

Capítulo 4
Radiestesia e Saúde.. 50
O Pêndulo como Instrumento de Cura

Capítulo 5
Padrões... 60
A Interação com os Corpos Sutis

Capítulo 6

Cura a Distância 73

A Mente como um Gerador

Capítulo 7

Técnicas de Transmissão 88

A Projeção de Vibrações de Cura

Capítulo 8

A Transmissão de Princípios Curativos 107

Cromoterapia, Aromaterapia, Litoterapia e Essências Florais

Capítulo 9

Medicina Energética 124

A Homeopatia e os Sais Celulares de Schüssler

Capítulo 10

Os Sete Raios Cósmicos 135

A Descoberta do Potencial da Alma

Apêndice

Técnicas de Limpeza e Purificação 155

Glossário 159

Referências 161

Lista de Figuras

Capítulo 2

2-1 Interpretação da Constituição Humana 35

Capítulo 3

3-1 Localização e Atividade dos Chakras Principais 41

3-2 Relações entre os Chakras e as Glândulas Endócrinas 44

Capítulo 4

4-1 Gráfico de Localização dos Distúrbios 55

Capítulo 5

5-1 Padrão Molecular do Sesquióxido de Germânio 63

5-2 O Diamante Estático 66

5-3 Diagrama da Roda 67

5-4 Diagrama em V.. 69

5-5 Carta para a Análise da Mão... 72

Capítulo 6

6-1 Cartão de Rae 79

6-2 Instrumento Mark III 79

6-3 Formulário de Diagnóstico (Britânico)................................ 80

6-4 Formulário de Diagnóstico da Anatomia Sutil (Britânico).... 81

6-5 Formulário de Avaliação da Dra. Parcells (Norte-Americano)... 82

Capítulo 7

7-1 Magnetron 90
7-2 Seqüência de Posicionamento do Material para Transmissão ... 93
7-3 Instrumento de Rae para Três Cartões e Interruptor 95
7-4 Cartão para a Multiplicação e a Transmissão de Sanjeevinis 99
7-5 Cartão de Neutralização Sanjeevini 99
7-6 Diagramas de uma Combinação para Curar um Ferimento
      na Perna 100
7-7 Diagramas dos Sanjeevinis Shakthi e Shanthi 101
7-8 SE-5 104

Capítulo 8

8-1 O Desdobramento da Criação 109
8-2 Correspondências entre Cores, Gemas, Aromas e Sons 115
8-3 Carta de Gemas 121

Capítulo 9

9-1 Carta de Potências Homeopáticas 126
9-2 Carta de Seleção dos Sais Celulares 133

Capítulo 10

10-1 Formulário de Auto-Avaliação dos Raios Cósmicos 137

Prefácio à Segunda Edição

HÁ MUITO TEMPO que a radiônica e a radiestesia são consideradas ciências metafísicas. Gosto de definir *metafísico* como aquilo que está "além do físico". Embora a metafísica se refira a fenômenos que todos nós conhecemos, ela descreve o invisível. Quando algo é invisível, não podemos enxergá-lo mas, às vezes, sentimos que ele de fato existe. O ar, por exemplo, é invisível, mas, quando sopra uma brisa, podemos senti-lo. Embora não saibamos com o que ele se parece nem o que ele é exatamente, sabemos que é importante para nós.

As ciências da radiônica e da radiestesia nos permitem começar a compreender diversos fenômenos invisíveis. O que, por exemplo, faz com que uma semente germine, brote e cresça? O que faz com que uma planta dê flores e produza frutos que levam dentro de si a semente da próxima geração? Esses processos, como o movimento do ar, são invisíveis para nós; só vemos os resultados deles. De vez em quando, a maravilha desses fenômenos chama a nossa atenção, mas, durante a maior parte do tempo, nós simplesmente desconsideramos os fenômenos.

No começo do século XX, alguns cientistas passaram a prestar atenção nesse aspecto invisível das formas vivas — o "algo" que vem primeiro e o "algo" que conserva a forma física. Fascinava-lhes especialmente a idéia de que um conjunto ordenado de instruções tem a responsabilidade de conservar a forma física que chamamos de "eu".

Mediante cuidadosas observações, esses cientistas chegaram à conclusão de que as "partes" de uma forma física terminam por desagregar-se, perdendo sua integridade, sua força e, por último, sua definição. Por que ocorre essa desagregação pela degeneração e pela doença? Porque os campos sutis de energia se tornam confusos e as "instruções" não conseguem mais estabelecer um elo com os elementos físicos. Mais ainda, esses cientistas observaram que as *condições de doença* pareciam ter padrões ou formas ondulatórias específicas, e que, caso se deixasse que esses padrões continuassem existindo, eles acabavam por interromper e provocar distorções nos *campos sutis saudáveis*.

Os pesquisadores em radiônica descobriram que, uma vez que conseguissem estabelecer um vínculo entre um padrão da doença e a marcação de uma determinada forma ondulatória num instrumento de ressonância, podiam usar essa marcação do instrumento para restabelecer padrões saudáveis em pessoas e animais, nos vegetais, no solo e no meio ambiente. Esse modelo de conservação saudável da forma vital física fez com que a técnica radiônica, recém-desenvolvida, passasse a ser usada na medicina e na agricultura. A ciência da radiônica tornou-se assim um método para se "sentir a brisa" e, por fim, "ver" o invisível.

A ciência da radiestesia surgiu quando se reconheceu que a forma humana é uma "antena" ideal, e que a mente humana é capaz de reconhecer uma variedade de formas ondulatórias complexas. O método radiestésico de estabelecimento de contato com os padrões sutis faz uso de um operador e de um instrumento radiestésico — geralmente um pêndulo. O operador usa sua mente para procurar padrões específicos nos campos sutis de uma forma de vida organizada. Ao reconhecer um desses padrões, ele passa a medi-lo, a fazer perguntas sobre ele e a procurar as causas que estão por trás da condição desencadeante. Quanto ao instrumento, trata-se simplesmente de um peso de qualquer tipo suspenso por um fio ou corrente que se segura entre os dedos. Seu movimento indica a presença ou a ausência de um campo que ressoe com a forma ondulatória produzida pelo pensamento do operador.

As várias marcações ou "taxas" no instrumento radiônico são ligadas cada uma a um determinado campo sutil. Quando ativadas, elas enviam padrões ondulatórios que se "sintonizam" cada qual com seu respectivo campo. O instrumento, portanto, age como uma espécie de interface, permitindo que o operador observe e "harmonize" os campos sutis, eliminando os padrões de distorção.

O estudo da energia sutil, na verdade, começou há séculos. O médico alemão Franz Mesmer (1734-1815), o poeta e cientista alemão Johann Wolfgang von Goethe (1749-1832) e o físico britânico Ernest Rutherford (1871-1937), entre outros, perceberam a existência de algo que está além da forma física — algo que se liga ou de alguma outra maneira se associa ao organismo fisicamente manifesto. O interessante é que, quanto mais os investigadores deram atenção a essas forças sutis, tanto mais perceptíveis elas se tornaram, e tanto mais foram efetivamente percebidas.

A consciência que nós mesmos temos dos aspectos sutis do nosso ser desencadeia uma experiência das camadas multidimensionais da vida. Em *The Findhorn Garden*, livro elaborado pela Comunidade de Findhorn, no norte da Escócia, encontramos um conselho dado pelo deva de uma macieira: "Assim como da semente nasce uma árvore, assim também da idéia-semente nasce um padrão [forma ondulatória]... Crescendo em força e tamanho, o padrão torna-se cada vez mais brilhante, até que, por fim, cintila e ressoa... Esse é o verbo feito carne, mantido em equilíbrio por grandes camadas de vida."

Se realmente compreendêssemos de que modo nosso mundo físico recebe de novo o ser a cada momento, o maravilhamento nos elevaria e ficaríamos boquiabertos diante do milagre da vida. O trabalho com a radiônica e a radiestesia nos conduz até esse limiar, abrindo-nos a consciência. A realidade tal como a conhecemos se expande e nosso mundo afigura-se muito mais maravilhoso do que poderíamos imaginar caso só percebêssemos seus aspectos físicos.

LUTIE LARSEN
Pesquisadora de radiônica, professora,
ex-vice-presidente da Associação
Norte-Americana de Psicotrônica e editora do
boletim bimestral *Radionic Homestead Report*

Prefácio à Primeira Edição

MINHA PRIMEIRA lembrança consciente da relação entre a medicina e os padrões de energia remonta à minha infância na Índia. Certa manhã ensolarada, quando eu tinha dez anos de idade, interrompi a meio o café da manhã para ver um encantador de serpentes que se apresentava na frente da casa de minha família, no norte da Índia. Segundo se dizia, ele tinha passado a noite fora, capturara uma nova naja, não conseguira remover-lhe as presas e agora queria mostrá-la ao meu pai. Meus pais, ambos médicos, interessavam-se muito pelos costumes indianos, e assim fomos assistir ao espetáculo.

Quando chegamos, o encantador de serpentes pediu à multidão que se afastasse. Pegou então um cesto achatado. Quando levantou a tampa do cesto, uma naja saiu rastejando em tamanha velocidade que, antes que o homem conseguisse empunhar a flauta, feita de uma cabaça e tubos de bambu, ela já se afastara dele cerca de cinco metros.

Quando o encantador começou a tocar a flauta, a criatura parou, levantou o corpo no ar e, com um balanço suave, deslizou em direção ao encantador, como que puxada por um fio invisível. Enquanto ele continuou tocando, a serpente, hipnotizada pela música, continuou avançando na direção dele. No exato instante em que a música parou, porém, ela atacou. O encantador, pegando-a por sob a cabeça, jogou-a para trás, pegou a flauta e recomeçou a tocar. Isso aconteceu diversas vezes até que a naja, adiantando-se ao encantador, picou-o no dedo indicador.

Instantaneamente, a diversão acabou. O encantador, rápido, jogou um cobertor sobre a serpente e, envolvendo-a no pano, colocou-a de volta no cesto. Amarrou então uma raiz ao redor do antebraço e fez um torniquete. Metendo a mão dentro de um recipiente cheio de ervas medicinais, tirou de lá uma pedrinha preta. A essa altura, seu braço inteiro tremia e ele começara a suar, tossindo incontrolavelmente. Assim que colocou a pedra preta sobre o dedo picado, ela "colou-se" no ferimento. Ao cabo de dez ou quinze minutos, a pedra caiu no chão e o homem parou de tremer e suar. Pegou a pedra e bateu-a sobre a cabaça da flauta. Então, várias gotas de um líqüido amarelo saíram do seu dedo, manchando a cabaça. Por fim, ele disse que nada lhe aconteceria.

Durante várias décadas, esse fenômeno suscitou na minha mente diversas perguntas para as quais não encontrava respostas: O que fizera a naja parar sua fuga e voltar ao encantador? Embora a música da flauta não fosse melodiosa aos meus ouvidos, seria possível que ela tivesse enviado uma vibração ou padrão de energia que de algum modo encantara a serpente? E o que mantivera a pedrinha preta colada ao dedo do encantador até extrair todo o veneno do seu organismo, ajudando-o a recuperar-se de uma picada que de outro modo poderia ser fatal?

São perguntas como essas que deixam muitas pessoas frente a frente com o mistério. Nas páginas que se seguem, a dra. Hartman apresenta conceitos e métodos para o desenvolvimento dos sentidos que nos ajudam a compreender esses enigmáticos padrões energéticos. Muito embora nem todas as respostas já tenham sido encontradas, este livro põe em evidência muitas das que já o foram. Mais ainda, ele nos diz como usar esse material no trabalho com nossos próprios padrões de energia, com os das outras pessoas e com os que se fazem presentes no ambiente que nos rodeia.

Recomendo enfaticamente este livro como fonte de informações para aqueles que buscam.

DRA. GLADYS T. MCGAREY

Introdução

QUANDO ESTE livro foi escrito, muitos videntes do século XX acreditavam estar próximo o tempo em que nossa Mãe Terra haveria de purificar-se por completo, mudando drasticamente a vida tal como a conhecemos. Segundo algumas das previsões mais pessimistas, a raça humana inteira seguiria os passos do mamute peludo. Agora que estamos mais próximos das mudanças previstas, parece que, mesmo que apenas parte delas se realizassem, seríamos forçados a lançar mão dos nossos recursos interiores para sobreviver. Por isso, me senti obrigada a atualizar e revisar este manual de trabalho com os padrões energéticos.

A preparação para as mudanças radicais que vão ocorrer na Terra e na infra-estrutura da sociedade humana motivaram a publicação de um sem-número de livros, vídeos e artigos. Todos eles nos dizem que não será fácil sobreviver sem as estações de tratamento de água, os sistemas elétricos ou mesmo os incontáveis luxos com que nos acostumamos. Asseveram que, para realizar uma tal façanha, teremos de exercitar nossas faculdades intuitivas. Muitas vezes, o conhecimento nasce da necessidade; se os videntes estiverem certos, o uso hábil da intuição poderá ser o fator principal da nossa salvação.

Hoje sabemos que o uso das faculdades intuitivas por parte dos seres humanos não é novo. Por séculos a fio, os indígenas norte-americanos souberam sintonizar-se com a Terra e usar os poderes que advêm dessa sintonia. Com efeito, os povos indígenas do mundo inteiro reconheciam-se como partes de uma grande consciência evolutiva que servia como fonte de conhecimento interior.

Usando técnicas semelhantes, nossos antepassados tribais de todos os cantos do mundo faziam uso das energias de outras dimensões para ajudar seus povos a sobreviver e também para se curar. Muitos desses povos consideravam as forças sobrenaturais como elementos reais e efetivos da vida cotidiana. Situados entre os mundos visível e invisível, eles invocavam espíritos de animais e outros seres totêmicos para atuar como protetores, guardiãs ou guias. Muitas vezes, eram essas entidades que garantiam a sobrevivência dos nossos ancestrais pela manipulação de energias universais e ajudando-os a escolher cores, pedras e outros princípios ativos de cura. Não há dúvida de que, para realizar e conservar essas relações com o invisível, nossos progenitores entravam em estados alterados que iam do transe profundo ao saber consciente, utilizando-se sempre de suas faculdades intuitivas.

A ciência da radiônica, que surgiu há menos tempo, estrutura-se sobre os mesmos princípios, como você verá nas páginas que se seguem. Nesta edição ampliada, você encontrará a forma mais atual dos remédios, cores, pedras preciosas, aromas e outros meios de transmissão de vibrações específicas para energizar suas faculdades curativas. Além disso, você tomará contato com os diversos padrões e circuitos necessários para concentrar sua mente nas investigações analíticas e nos resultados terapêuticos desejados.

Os praticantes sérios da radiônica, como os xamãs de ontem e de hoje, alteram sua consciência vulgar e penetram num estado intuitivo para obter as informações de que necessitam. Quanto a qual é a fonte dessas informações, não vou arriscar nenhum palpite; mas, com base numa experiência considerável, ouso dizer que boa parte delas não vêm da mente consciente nem do estudo aplicado. Eu mesma sinto a presença de energias orientadoras que às vezes são bastante fortes, bem como a presença de guias angélicos. Aliás, muitos praticantes da radiônica têm momentos de visão ou inspiração e usam cotidianamente aquilo que os aborígenes australianos chamam de "olho forte"; para nós, a "imaginação" e a visualização são instrumentos de uso diário. Porém, ao contrário de nossos predecessores, baseamos nossa prática numa metodologia registrada e comprovada.

Por meio das técnicas descritas neste livro, você aprenderá a utilizar sua rede nervosa meticulosamente sintonizada — um dos sistemas mais elegantes e complexos do mundo — como ferramenta de diagnóstico e de tratamento. Aprenderá também a fazer uso das mesmas capacidades inatas demonstradas pelos agentes de cura do passado, e a dirigir os poderes de sua mente para promover a harmonia e o bem-estar.

Essas técnicas, porém, são apenas o início. Aquele que se dedica verdadeiramente a este estudo ficará maravilhado, como eu fiquei, com a natureza ilimitada de suas aplicações. Por isso, siga a sua criatividade para onde quer que ela o leve; depois, vá além dela e entre no universo das energias ilimitadas. Nesse momento, sua percepção ficará mais intensa para sempre. É como disse certa vez Oliver Wendell Holmes: "A mente ampliada por uma nova idéia nunca pode voltar às suas dimensões originais."

C A P Í T U L O   1

A Natureza dos Sistemas Energéticos

Microcosmos do Universo .

O campo é a única realidade.
— Albert Einstein

TUDO QUANTO existe são formas de energia — você, o cachorro do vizinho, uma árvore, uma rocha, uma mesa, até mesmo o livro que você está lendo. Em outras palavras, a estrutura molecular de todas as formas de vida, animadas ou inanimadas, está em constante movimento. A matéria, que é a energia confinada na forma física, representa o tipo mais denso de energia. Os estudiosos da sabedoria primordial dizem que a matéria é o espírito no seu nível mais inferior de atividade cíclica, ao passo que o espírito é a matéria no seu nível mais elevado.

A aceitação da idéia de que tudo é energia nos faz vencer o primeiro obstáculo à manipulação dos sistemas energéticos. Para transpor o obstáculo seguinte, temos de perceber que o que nos distingue essencialmente de uma mesa, ou de uma pedra no jardim, é a taxa de vibração da nossa energia. Se tivéssemos o grau de realização de alguns yogues e fôssemos capazes de aumentar ainda mais nossa freqüência energética, conseguiríamos passar nossas mãos através da mesa.

Os verdadeiros curadores psíquicos das Filipinas — onde há também um grande número de charlatães —, mediante certos procedimentos rituais onde se destacam a oração e a leitura da Bíblia, conseguem elevar sua taxa de vibração o suficiente para atravessar a carne humana com as mãos. Essa prática deixa confusos muitos ocidentais, mas essa confusão só acontece porque ainda não aprendemos a ver a matéria como uma forma de energia.

A matéria como energia

Ao pensar nos elementos do nosso mundo — terra, ar, fogo e água — tendemos a deixar de lado todas as noções de energia. Pense num cubo de gelo, por exemplo. Congelado, é sólido; derretido, vira líqüido; fervido, se converte em gás. Vendo o mundo como uma coleção de materiais sólidos, líqüidos e gasosos, classificamos imediatamente a matéria em suas formas manifestas. Não obstante, no caso do cubo de gelo que derrete, são os mesmos elementos químicos — hidrogênio e oxigênio — que se expressam num nível diferente de vibração. Pensando a partir da idéia de energia, podemos captar essa unidade fundamental que está por trás de todas as formas que observamos.

Um dos caminhos que podemos tomar para começar é o de perceber o corpo humano como um pequeno universo. Os filósofos da mais remota antigüidade de fato chamavam o corpo de um microcosmo do macrocosmo. A visionária alemã Santa Hildegarda de Bingen, do século XII, entre muitos outros, dava voz a essa percepção quando rogava: "Ó homem, contempla o homem! Pois o homem tem em si os céus e a terra."

Mesmo no nível celular, nós representamos um universo. E dentro desse cosmo ordenado, tudo, desde um cometa que orbita o Sol até a formação de dois novos núcleos, tudo vibra ritmicamente. Os próprios átomos, com os elétrons que giram áo seu redor, parecem-se com um sistema solar de planetas girando em torno de um núcleo.

O corpo também pode ser comparado a um acorde musical no qual cada órgão produz uma nota característica. Apesar da diferença de freqüências, todos vibram em harmonia.

Em geral, nós não percebemos que o corpo está vibrando. Mediante um exame mais atento, porém, podemos ver que todas as nossas partes materiais encontram-se num estado de oscilação. Cada célula, por exemplo, é como uma minúscula bateria; dentro de seus átomos interagem partículas de carga positiva e negativa, gerando a energia necessária para que a célula siga o curso de sua vida. Os átomos isolados, por sua vez, vibram cada qual em seu próprio ritmo e combinam-se para formar moléculas de diversas freqüências. No fim, a taxa de vibração de uma célula é a somatória das freqüências dos seus componentes.

As células do corpo assumem características singulares quando convergem para formar órgãos como o estômago e o coração, cada um dos quais tem sua própria taxa de vibração. Essa taxa muda à medida que muda a composição celular do órgão — ou seja, à medida que as células que o constituem passam pelo processo natural de nascimento, crescimento, morte e dissolução.

Para funcionar eficazmente, *todas as partes do corpo humano têm de estar em harmonia.* Se as vibrações estiverem perturbadas em qualquer parte do corpo, essa perturbação afetará o organismo inteiro, resultando num distúrbio ou doença. O distúrbio também pode surgir como reação a uma influência externa, como uma pessoa que nos causa um péssimo sentimento. A explicação científica desse fenômeno é a "incompatibilidade das freqüências". Esse tipo de doença é atribuído ao contato de dois sistemas energéticos que não ressoam entre si — ou, para falar uma linguagem mais inteligível, ao encontro com uma pessoa cujas vibrações não "sintonizam" com as nossas.

É assim que nós, como tudo o mais no universo, somos compostos de uma única energia que se manifesta numa larga gama de formas, às vezes compatíveis, às vezes incompatíveis entre si. No decorrer dos anos, essa energia recebeu vários nomes. Foi chamada de força ódica ou od, orgone, força vital, *prana*, éter molecular, energia psicométrica, Deus, Ele ou Manitu. Hoje, com base em documentos científicos, podemos concluir que o estado supremo da matéria é *energia primordial em movimento.* Em outras palavras, o que percebemos como sólido é na verdade um truque que os sentidos nos pregam.

> *É Divina a energia pela qual as partículas mais elementares e sutis da matéria se ligam umas às outras. A separação individual dessas partículas de energia é absolutamente precisa e não pode ser alterada por ninguém. Qualquer separação ou fusão acarretaria a não-existência da Criação. A Energia Divina é Deus.*
>
> — Sri Sathya Sai Baba

As características dos campos energéticos

A energia se expressa de tantas formas que a consciência humana, limitada como é, não pode captar todo o seu âmbito. Conhecemos bastante bem a energia expressa como forma, mas existe também algo que podemos chamar de uma energia mais refinada, como a energia "livre" e sem forma da eletricidade e do pensamento, que muitas vezes age sobre os campos.

No nível dos sistemas vivos, há muito tempo se conclui que uma força invisível parece orientar todas as funções vitais. Na década de 1930, Harold Saxon Burr, ex-professor de anatomia da faculdade de medicina da Universidade Yale, identificou essa força como um campo energético e apresentou dados bem documentados de que todos os seres vivos são de fato rodeados por campos energéticos. Burr constatou que, onde quer que haja vida, existem campos eletrodinâmicos que podem ser medidos e mapeados. No decorrer de mais de quarenta anos de pesquisas sobre esses campos vitais ou campos V (em inglês, *life-fields* ou *L-fields*), sua descoberta mais transcendente foi, porém, a de que a existência dos campos parece *preceder* a aparição de qualquer traço das formas físicas a que eles correspondem. Essa descoberta dá a entender que os campos *não* emanam de estruturas físicas pré-existentes, mas antes constituem o princípio organizador que subjaz ao surgimento dessas estruturas. Burr observou que os campos V agrupam os átomos em células e condicionam-nos a desempenhar certas funções. Em resumo, os campos V são os modelos da forma.

Na mesma época em que Burr fazia a espantosa descoberta dos campos V, os pesquisadores russos Senyon e Valentina Kirlian inventaram uma técnica para fotografar esses campos que se irradiavam das coisas vivas. Como Burr, os Kirlian descobriram que era possível prever-se doenças pelas mudanças que apareciam nos campos vitais de uma pessoa. A dra. Thelma Moss, renomada especialista nos fenômenos psi, começou a trabalhar extensivamente com a fotografia Kirlian nos Estados Unidos, onde a mesma técnica estava também sendo usada com sucesso na psiquiatria. Outros pesquisadores demonstraram que os campos V das árvores observados no decorrer de um período de trinta anos flutuavam de acordo com os ciclos lunares e a presença de manchas solares, da luz, da escuridão e de tempestades. Esse trabalho parecia responder a uma pergunta que intrigava tanto os cientistas quanto os pensadores metafísicos: se todos nós somos uma única energia, acaso estamos sujeitos a um grande número de forças cósmicas, como sempre asseveraram os astrólogos?

Na década de 1970, o ex-cardiologista e novo místico W. Brugh Joy, descobriu vestígios de um campo energético ao redor de múmias egípcias. O fato de ele conseguir captar essas vibrações com suas mãos sensitivas indicava que os campos energéticos podem permanecer ao lado da forma humana depois da morte. Pouco importa quanto tempo esse campo é capaz de subsistir, pois a verdade é que o tempo e o espaço, como a matéria sólida, são invenções da mente humana.

O próprio campo é um padrão ordenado que se manifesta num sistema vivo. Já se disse que, além do campo vital, existe também um campo organizacional (campo O) que rodeia o universo e rege tudo quanto há dentro dele. Essa configuração é às vezes chamada de "campo 'O' do Criador"; outras vezes, é chamada de campo da mente superior.

Na década de 1930, o psiquiatra Leonard J. Ravitz, descobriu que o pensamento é capaz de afetar os campos V, prefigurando assim o uso da técnica O. Carl Simonton de concentração do pensamento para doentes de câncer, que hoje chamamos de imaginação positiva. Além disso, Ravitz previu que um campo de pensamento ou campo P (em inglês *thought-field* ou *T-field*) poderia se ligar a um campo de energia e — que bizarro! — pegar carona com ele. Ao passo que antes se dizia que "a energia segue o pensamento", hoje podemos dizer com toda a confiança que "o pensamento *é* energia" e, como tal, é uma força que pode ter efeitos no mundo exterior.

Os campos P podem ligar-se não só a campos energéticos, mas também a formas *cristalizadas* de energia, ou seja, formas materiais. Um psicometrista que segura um objeto, por exemplo, pode saber tudo o que aconteceu com o objeto desde que este foi produzido — prática que dá origem a muitas histórias interessantes sobre antigüidades e outros objetos históricos. Quando os antigos sacerdotes e curandeiros havaianos, chamados *kahunas*, falavam dos fios *aka* que ligam as pessoas a tudo o que elas conheceram desde o nascimento, talvez estivessem se referindo aos meios pelos quais os psicometristas atuais conseguem revelar suas histórias.

A observação de que os campos P ou formas-pensamento podem se ligar a outras energias tem implicações importantíssimas. Em primeiro lugar, dá a entender que um pensamento inadvertido pode dar origem a toda uma reação em cadeia, com conseqüências potencialmente desastrosas. Em segundo lugar, significa que nós não formulamos nossos pensamentos, mas os *escolhemos*, por meio de um processo regido pelo nosso estado atual, de um depósito situado nos éteres.

Por fim, a propriedade de ligação dos campos P mostra que o adágio "paus e pedras podem me ferir, mas palavras jamais vão me atingir" é falso, uma vez que as palavras emanam dos pensamentos e os pensamentos podem efetivamente nos machucar.

Por causa dos campos energéticos que organizam o corpo humano, todas as funções deste são eletroquímicas. Além disso, a subestrutura atômica da célula — o cosmos microscópico feito de partículas que se deslocam mais rápido do que a luz — tem um momento magnético, ou seja, a presença de um campo magnético. Por isso, pode-se dizer que cada célula possui seu próprio ambiente magnético, que combina com os campos de outras células. Suas propriedades magnéticas resultam, em parte, da interação de seus componentes eletroquímicos.

Imaginando uma célula, podemos visualizar uma transferência constante de eletricidade de um lado para outro de suas membranas ou limites. As mensagens elétricas que assim se transmitem são determinadas por mudanças nas concentrações de sais de potássio (ácidos) e de sódio (alcalinos) que ocorrem em ambos os lados da membrana; essas mudanças, por sua vez, alteram o ambiente magnético da célula. O equilíbrio entre a acidez e a alcalinidade das células, portanto, é essencial para o funcionamento harmônico do corpo humano. Do mesmo modo, a falta de harmonia se manifesta como um desequilíbrio nesses níveis. Para evitar quer a falta, quer o excesso de uma ou de outra, é preciso que se conserve o equilíbrio entre acidez e alcalinidade. Quando isso não acontece, o uso terapêutico do magnetismo — cada vez mais praticado na Europa — pode ajudar a restabelecer as relações necessárias.

Em última análise, o ser humano pode ser influenciado de duas maneiras no nível celular: por meio da ação química (pela ingestão de determinadas substâncias, como os medicamentos) ou por meio da perturbação da freqüência eletromagnética (por meio da interação com outro campo). Neste último caso, o corpo enquanto campo de energia vai reagir a qualquer coisa que emita radiação. Em outras palavras, a harmonia do corpo pode ser perturbada por *quaisquer formas de vida*. As boas novas são que o estado de harmonia pode ser restabelecido por um processo de retificação magnética.

Vamos ver como isso funciona. Curiosamente, mais de 80% do corpo humano é composto de água (H_2O). Embora o núcleo de oxigênio (O) de que é feita a água não tenha carga magnética e não seja capaz de reagir por si só a um campo magnético externo, o próton único do núcleo do hidrogênio (H) é altamente suscetível a essas influências. Por causa disso, a água pode ser facilmente polarizada por um campo magnético externo. E, com efeito, os prótons de hidrogênio da água contida no corpo de fato retificam-se e realinham-se diante de um campo magnético.

Pontos que devem ser lembrados

Neste primeiro capítulo, tratamos de muitos aspectos dos sistemas energéticos. As principais idéias que devem ser aplicadas às informações contidas nos capítulos seguintes são:

- Tudo o que existe é energia e todas as formas de energia vibram num ritmo determinado pelos seus componentes.
- Toda matéria que tem cargas oscilantes irradia ondas magnéticas. Como todas as coisas contêm elétrons em movimento, todas as coisas irradiam ondas magnéticas. Sabendo disso, você pode imaginar o universo inteiro como um grande conjunto de campos eletromagnéticos pulsantes, e todas as coisas, desde os átomos até as estrelas, participam dessa dança cósmica. As pulsações produzem duas forças opostas, como os pólos norte e sul da Terra, por meio da dinâmica de atração e repulsão, enchimento e esvaziamento, yin e yang. A polaridade resultante se estende por todo o nosso universo e vai ainda além dele.
- A energia e a matéria são dois aspectos da mesma realidade. Do ponto de vista esotérico, comece a conceber a realidade como consciência, tendo como aspectos a energia (no domínio da qual se incluem as formas-pensamento) e a matéria.

> *As miríades de canções do universo são Cânticos de Vida. Todas as energias que dançam pelo universo, por sua interação e movimento, criam uma gigantesca composição sinfônica — matemática em sua precisão, como também a música é matemática, e criativa em seus efeitos.*
>
> — Viola Petitt Neal e Shafica Karagulla

CAPÍTULO 2

Nossos Corpos Invisíveis

Influências sobre o Ser Físico

O homem é, na matéria física, a manifestação da Mônada espiritual, uma centelha única do Espírito Único.

— Aart Jurriaanse

À MEDIDA que continuamos a explorar os aspectos invisíveis da saúde e da doença no ser humano, percebemos a importância dos corpos sutis. A natureza sutil da humanidade tem sido objeto de escritos esotéricos desde a aurora dos tempos. Muitas das respostas que buscamos podem ser encontradas aí, desde que tenhamos paciência para desenredar as informações obtidas, que são freqüentemente confusas, e tenhamos também o desejo de ouvir, nos adaptar e evoluir segundo os ditames do espírito.

Talvez a explicação mais lúcida das origens sutis do ser humano seja a oferecida num livro intitulado *Bridges*, escrito por Aart Jurriaanse, que conhece tudo sobre Alice A. Bailey e os trinta anos que ela passou psicografando o mestre tibetano DK, a partir de 1919. Esses escritos psicografados representam, na opinião de muitos, uma explicação essencial das forças sutis que impulsionam e orientam a constituição e a evolução humanas. *Bridges* constitui um atalho bastante útil para a compreensão dos livros de Bailey, que são, às vezes, complicados; mas os estudiosos sérios vão querer estudar a obra de ambos os autores.

Seguindo à letra o que ele mesmo prega, Jurriaanse dedicou *Bridges* a "Toda a Humanidade, sem exceções", e acrescentou: "A versão da

Verdade captada por um Homem não deve ser oferecida com restrições." Num capítulo intitulado "Os Planos da Existência", ele diz que o plano físico compreende os quatro reinos inferiores, ou seja, o mineral, o vegetal, o animal e o humano — toda a matéria densa. Aí aprendemos que, embora os seres humanos sejam condicionados a concentrar-se nos aspectos substanciais desse plano, para além dos estados sólido, líqüido e gasoso encontra-se um reino mais sutil chamado de *corpo etérico*, o qual, normalmente, não é perceptível aos humanos. E para além do corpo etérico há ainda outros mundos não substanciais, todos os quais constituem uma ponte que liga este mundo ao plano espiritual.

Corpos invisíveis no plano físico

Além do corpo etérico, do qual falaremos detalhadamente na segunda metade deste capítulo, existe o *corpo astral* ou corpo emocional, comumente chamado de corpo do desejo. Nossa tendência é a de voltar todas as nossas energias para essa esfera de *glamour*, distração e ilusão — em suma, para as atraentes armadilhas do mundo material. É aí também que têm suas raízes a maioria das doenças humanas. A vibração do corpo astral reflete o grau de atratividade do indivíduo e tem, portanto, implicações psíquicas. Muitos sensitivos, por exemplo, entram em contato com o plano astral para ter acesso a informações. Certa vez, perguntei a um homem culto sobre os riscos que corre a pessoa que aceita informações vindas de outros planos que não os planos espirituais mais refinados. Ele me respondeu: "Não pense você que a morte torna alguém mais sábio!"

Em épocas mais antigas, o corpo astral mantinha os seres humanos em estado de multiplicação e evolução. Agora, que as energias estão se tornando mais refinadas, a função dele está mudando.

No nível mais elevado do plano físico fica o *corpo mental. (Observação:* Neste contexto, "elevado" e "inferior" ou "mais alto" e "mais baixo" referem-se à evolução humana rumo à perfeição.) O corpo mental é feito de matéria mental — em sânscrito, *chitta* — e é a mais sutil das energias físicas. Por meio da vontade, a vibração mental procura coordenar o funcionamento do corpo físico e, desse modo, tem influência sobre o seu bem-estar físico. Muito embora procure ligar o eu inferior com a consciência superior, ele pode também repelir essas energias mais refinadas e causar a separação. Juntos, os corpos mental, astral e físico compõem a personalidade.

O nível de personalidade da consciência é, em geral, o único de que temos consciência. À medida que evoluímos e nos abrimos para níveis mais elevados da consciência, porém, adquirimos a capacidade de intensificar nossa consciência dos planos espirituais mais sutis e "transpessoais". Estes são, na ordem ascendente, a *intuição*, ou alma, chamado também eu superior, ego e Cristo interior; o *espírito* ou essência íntima do indivíduo; a *mônada*, que reflete a ordem universal; e a própria *divindade*.

É assim que a constituição humana transpõe os planos, do físico ao espiritual, como representamos abaixo.

Aspectos Transpessoais — Plano Espiritual
Corpo divino da divindade
Corpo monádico
Corpo espiritual ou átmico
Corpo intuitivo ou búdico (anímico)

Personalidade — Plano Físico
Corpo mental
Corpo astral/emocional
Corpo etérico/físico

Funções do corpo etérico

A origem do ser humano como um ser físico denso se encontra numa massa complexa de forças e campos no primeiro éter cósmico (ver figura 2-1). Como dizem os Vedas, escritos sagrados da Índia: "Qual é a origem deste mundo? O éter... pois todos estes seres surgem do éter somente, e para o éter retornam. O éter é maior do que estes; o éter é seu repouso."

Por isso, ao redor do corpo físico e dentro dele está o corpo etérico, também chamado corpo vital. É conhecido, além disso, como duplo etérico, pois espelha o corpo físico e parece conformar-se a ele. Uma teia de energia sua mantém unidas as formas sutis da personalidade.

NOSSOS CORPOS INVISÍVEIS

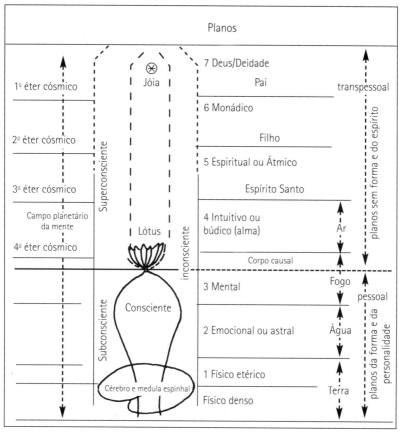

Esta tabela é adaptada de um diagrama apresentado numa aula pelo Dr. Elmer Green (1972)

Figura 2-1 Interpretação da Constituição Humana

O corpo etérico é composto de correntes de força e nele existem centros vitais ligados por linhas de força entre si e com o sistema nervoso do homem físico. Por meio dessas linhas de força, ele se liga também com o corpo etérico do sistema ambiente. Observe que estão contidos aí os fundamentos de uma crença na imortalidade, na lei da fraternidade ou unidade e na verdade da astrologia.

— Alice A. Bailey

Toda a matéria etérica — desde as correntes de força que passam por uma pequenina célula até as que compõem o escudo protetor da Terra — se interliga numa espécie de rede. A energia em movimento bombardeia os limites das estruturas e escapa para o espaço circundante, onde continua a ser atraída pelas formas vivas. Em virtude dessa atração, ela permanece próxima dos seres vivos, dando a cada um deles um corpo etérico ou aura, como o chamam alguns paranormais. Nos seres humanos, a energia desse "invólucro etérico" assume uma cor determinada pela saúde, pela maturidade psicológica e pelo grau de desenvolvimento espiritual da pessoa. No Capítulo 8 falaremos dessas cores.

Quando descreveu o papel da rede etérica, Alice Bailey disse: "Essa grade, que está em toda parte, é responsável pelo intercâmbio de energias — ou seja, a energia emitida, a energia irradiada e as energias absorvidas de fontes energéticas externas, que exercerão sua influência sobre a forma. A rede ou teia etérica está por trás do sistema nervoso de todos os seres vivos." Com efeito, o corpo etérico é o fundamento e a estrutura sobre os quais se constrói o corpo material.

A origem imediata do sistema nervoso físico é um sistema nervoso etérico composto de canais sutis chamados *nadis*, palavra que em sânscrito significa movimento. Arthur Avalon (Sir John Woodroffe), grande estudioso do Tantra, comparou os incontáveis nadis que existem num ser humano com uma complicada "carta de correntes oceânicas". Esses canais sutis, que servem de condutos para o fluxo de *prana* — palavra que em sânscrito significa força vital —, passam como tentáculos pela coluna vertebral etérica e seus centros de poder, denominados chakras, acerca dos quais falaremos no capítulo seguinte.

O corpo etérico, com seus nadis de *prana* em movimento, constitui a parte mais importante do mecanismo de reações do corpo físico. Essencialmente, suas funções são três: recepção, assimilação e transmissão de energia. Essa atividade não ocorre somente no contato do corpo etérico com o mundo da matéria e os sentidos humanos, mas também na sua relação com os corpos superiores, o corpo astral e o corpo mental. Sob esse aspecto, o corpo etérico é também um canal para o desenvolvimento de estados de consciência maiores. É possível que em tempos vindouros esta chegue a ser sua função mais importante.

Além de tudo isso, o corpo etérico é um espelho que reflete o estado do corpo físico, de um lado, e dos corpos astral e mental, de outro. Toda falta de harmonia no mundo da forma se reflete no mundo etérico. Com efeito, um distúrbio nos níveis superiores deixa sua marca no corpo etérico *antes de se manifestar como um distúrbio físico*.

A matéria etérica existe dentro e em volta de todas as formas do nosso sistema solar e de outras partes do universo. Por causa disso, essa rede gigantesca de campos de força interligados, que se interpenetram entre si, nos une com todo o restante da existência. O sentido mais elevado dessa onipresente teia etérica está muito acima do trabalho de Burr e de outros cientistas; a contemplação dessa realidade pode nos deixar estupefatos. Por enquanto, tudo o que precisamos saber é que qualquer ação que ocorra em qualquer ponto da rede etérica — dentro ou fora dela — deixará nela uma marca e desencadeará uma reação correspondente.

Em outras palavras, a lei universal de causa e efeito ou ação e reação rege os canais da rede etérica. Isso significa que tudo aquilo que age numa parte da teia provocará uma reação em outra parte — que poderá então desencadear repercussões nos níveis espiritual, mental, astral ou físico, senão em todos eles.

É assim, pois, que o corpo etérico funciona como uma espécie de registro ou banco de dados para o qual os agentes de cura devem voltar sua atenção. Com efeito, na prática da radiônica, esse veículo vital é um dos pontos mais importantes. Nas palavras de Alice Bailey: "Todas as doenças, com exceção de acidentes e ferimentos mecânicos, se originam nos corpos sutis. Por isso, todos os praticantes devem ter um conhecimento cabal de suas funções e localizações no mapa da constituição humana. Imagine o corpo etérico como um corpo de luz tremeluzente, um reflexo das condições de todos os demais corpos sutis; imagine-o como a rede que liga esses corpos ao corpo físico. É nele que encontramos a chave."

C A P Í T U L O   3

Os Chakras e as Glândulas Endócrinas

Da Energia Sutil à Estrutura Física

O lótus é uma flor que tem suas raízes na lama (o mundo material); seu caule passa pela água (o mundo astral ou emocional); e as pétalas abrem-se sobre a água, em pleno ar (o mundo da mente). Temos aí uma excelente imagem dos chakras.

— David V. Tansley

UM VERSÍCULO dos Upanishads — discursos sobre a sabedoria profunda da Índia antiga — nos diz: "Não se pode chegar à iluminação sem despertar e reconhecer os chakras." No começo do século XX, Alice Bailey afirmou que o corpo etérico e os chakras pelos quais ele passa serão o próximo tema de investigação das pesquisas médicas e científicas. Em data mais recente, a dra. Valeria Hunt, no livro *Infinite Mind*, publicado em 1995, explica que uma ex-pesquisadora (especialista em cérebro) do Instituto Nacional de Saúde dos Estados Unidos, que antes aplicava um modelo exclusivamente neuroquímico ao seu trabalho com neuropeptídeos e receptores, agora "visualiza o cérebro e suas funções como um campo vibrante de energia... [como] um receptor e um amplificador da realidade coletiva".

Ao que parece, certos pesquisadores já estão tentando cumprir a missão proposta por Alice Bailey. No mínimo, eles sabem que, para que a cura possa ocorrer, o sistema dos chakras tem de ser compreendido. Assim, já tendo examinado no capítulo anterior o papel do corpo etérico, trataremos agora das relações entre seus centros energéticos — os chakras — e a função de equilibrar a energia que caracteriza a progênie desses centros, nossas glândulas endócrinas.

Os *chakras* — a palavra sânscrita significa "roda" — são vórtices de energia. Muitos escritos antigos comparam-nos a flores de lótus com um determinado número de pétalas, que refletem estados diversos de desdobramento. Ao longo da coluna vertebral etérica e em torno da cabeça localizam-se sete grandes configurações semelhantes a lótus e 21 configurações menores. Muitas outras existem em outras partes do corpo, e diversas delas correspondem a importantes pontos de acupuntura. Com base em anos de pesquisas, W. Brugh Joy apresentou excelentes diagramas das localizações dos chakras no seu livro *Joy's Way*.

A diferença entre os chakras maiores e os menores tem relação com o número de linhas de força que passam através deles. Quanto maior o número de linhas que se entrecruzam nesses centros, tanto mais poderosos eles são. Os que têm mais intersecções são os sete chakras ditos principais.

É a ação dos chakras que transmite para o corpo as miríades de energias que nos rodeiam, entre as quais as energias cósmicas. Nas palavras de David V. Tansley, especialista em radiônica e estudioso de ocultismo: "Mediante esses [chakras], a interação de diversas energias constrói e sustenta as glândulas endócrinas e o sistema nervoso, além de galvanizar os sistemas dos órgãos e pô-los em atividade."

Basicamente, os chakras desempenham três funções: eles vitalizam o corpo físico, especialmente as glândulas endócrinas e a corrente sangüínea; aumentam na pessoa a consciência de si; e transmitem energias espirituais, evocando estados de bem-estar espiritual. Alice Bailey descreveu desta maneira sua ação: "Os chakras põem em movimento e em atividade a matéria astral, mental e etérica, e suas forças mantêm unida a forma física."

Todas essas funções ocorrem simultaneamente. Na vitalização do corpo físico, os chakras são pontos focais para a cura e o equilíbrio de energias. Semelhantes a poderosos transdutores das energias do interior e do exterior, eles são agentes de irradiação e distribuição e cada qual é dotado de um padrão próprio e específico. No desenvolvimento da consciência de si mesmo, os diversos chakras funcionam de maneiras diversas. Os chakras situados acima do diafragma, chamados chakras superiores, abrem-se e ativam-se quando o indivíduo progride num caminho de sintonização espiritual; os situados abaixo do diafragma, que refletem um estado de consciência mais primitivo, tendem a já estar abertos e ativos. Quanto à transmissão de energias espirituais, essa função cabe somente aos chakras superiores.

Não é sem razão que esses centros de energia são chamados "rodas", pois freqüentemente se manifestam como vórtices de energias concêntricas que se misturam e cujas cores mudam de acordo com as mudanças das condições do próprio sistema. Suas vibrações também variam; os chakras de cima do diafragma têm freqüências mais altas do que os de baixo. Até a rotação dos chakras pode ser influenciada, especialmente pela energia do pensamento direcionada.

O que determina o bem-estar físico, emocional e mental da pessoa é o *funcionamento equilibrado* dos chakras. Na verdade, a maioria das doenças tem sua origem nos chakras desequilibrados. Por causa disso, um praticante que investiga um distúrbio físico, por exemplo, não deve deixar de verificar o estado do chakra mais próximo do local do distúrbio para saber se suas energias estão bloqueadas, hipoativas, hiperativas, mal dirigidas ou descontroladas. A definição do problema é o primeiro passo no caminho da cura.

Propriedades dos chakras

Um exame mais atento dos chakras principais, com suas características próprias, pode nos ajudar a aprender qual o aspecto que eles têm, como funcionam e quais são as glândulas endócrinas que governam. O conhecimento dessas informações é essencial para qualquer análise radiônica.

A figura 3-1 mostra a localização e a função dos chakras num ser humano. Você vai perceber que esse diagrama não ilustra somente os sete grandes vórtices — os chakras da base, do sacro, do plexo solar, do coração, da garganta, da fronte e da coroa —, mas também outros dois, o chakra do baço e o chakra chamado *alta major*. O *chakra do baço*, localizado nas proximidades do baço físico, foi acrescentado porque vitaliza o corpo etérico (e por conseqüência os demais centros energéticos) fornecendo-lhe *prana* ou energia vital, tanto o *prana* solar quanto o *prana* planetário. Todo *prana* que não é usado passa de novo pelo "portal" desse chakra e retorna ao campo etérico do universo. Os exercícios yogues de respiração chamados de *pranayama* e a nova terapia denominada Pranamônica (descrita no capítulo 7) usam esse

OS CHAKRAS E AS GLÂNDULAS ENDÓCRINAS 41

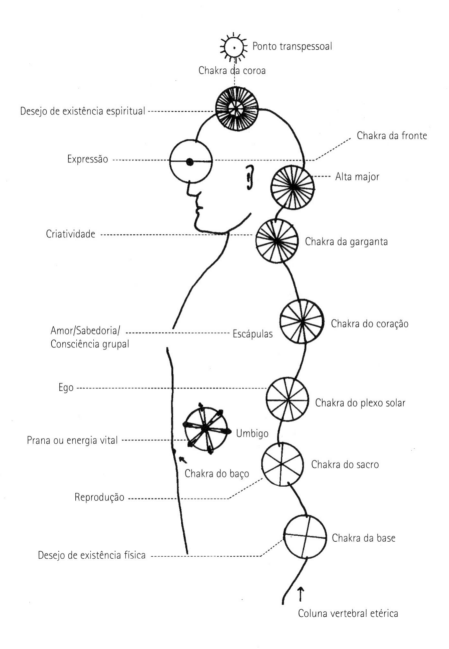

Figura 3-1 Localização e Atividade dos Chakras Principais

centro para purificar e revigorar o corpo com energia prânica. Dando testemunho do poder da força vital, os Upanishads asseveram: "O sol nascente preenche com seus raios todos os *pranas* do universo e energiza com seus raios todas as criaturas."

Além do chakra do baço, há dois outros que recebem e transmitem *prana*: um, logo abaixo do diafragma, e outro, acima do coração. Juntos, esses três vórtices constituem um "triângulo prânico". O *prana*, depois de entrar na forma humana por centros menores, vai para o chakra do baço, onde começa a circular — processo que geralmente funciona bem, a menos que a pessoa esteja afetada por problemas na sétima vértebra cervical ou na segunda vértebra dorsal da coluna vertebral. Esse esquema de distribuição do *prana* impede que o organismo seja sobrecarregado por um excesso de energia quando o *prana* entra no corpo etérico.

> *Todas as forças, quer sejam chamadas de gravitação ou de atração e repulsão, quer se expressem como calor ou eletricidade ou magnetismo, não são outra coisa senão variações dessa energia unitária... O prana é a energia vital ou a fonte de toda energia no cosmos.*
>
> — Swami Vivekananda

Além do chakra do baço, o chakra *alta major*, na base do osso occipital, também aparece na figura 3-1 por motivos significativos. Para começar, ele rege a coluna vertebral e está associado aos chakras da base e do coração, à glândula carótida e, de modo menos direto, à glândula pituitária. Por outro lado, ele é um dos três centros principais da cabeça associados ao cérebro. Além disso, o chakra alta major parece estar relacionado com a pressão sangüínea, com o equilíbrio dos fluidos tissulares e com a principal artéria que leva o sangue do coração à cabeça. Alice Bailey, entre outros autores, situa o chakra alta major ao lado do chakra da fronte e sugere que ambos partilham a localização do sexto chakra principal.

> *O cérebro é condicionado em grande medida por três glândulas importantes que se encontram fisicamente próximas da substância cerebral. São elas a pituitária, a pineal e a carótida. Essas três glândulas formam um triângulo cujos vértices praticamente não têm relação*

entre si no homem primitivo, têm alguma relação no homem comum e estão estreitamente relacionadas no homem espiritual. Essas glândulas são as correspondências objetivas dos três centros de energia por meio das quais a alma, ou o homem espiritual que habita essa alma, controla o seu veículo físico.

— Alice A. Bailey

As glândulas endócrinas — segundas no comando

Os sete centros principais exteriorizam-se nas glândulas endócrinas — glândulas sem dutos, que lançam suas secreções diretamente na corrente sangüínea. Em virtude dessa sua atividade, as glândulas endócrinas contam-se entre os principais fatores que controlam o bem-estar no corpo físico. Na qualidade de exteriorizações dos chakras, têm um vínculo direto com o corpo etérico. Por isso, quando se encontram num estado de equilíbrio, não há doença no organismo físico nem obstáculo ao seu funcionamento esotérico. Em certo sentido, as glândulas endócrinas são janelas pelas quais agentes de cura podem avistar a maioria das doenças que procuram.

As pesquisas em bioquímica demonstraram uma imensa variabilidade entre as glândulas endócrinas. Cada uma delas é completamente diferente das outras em sua fisiologia e microanatomia. Essas diferenças correspondem, em última análise, às condições do chakras correlatos e aos padrões endócrinos específicos.

As relações entre os chakras principais e as glândulas endócrinas a eles associadas são mostradas na figura 3-2. Nessa tabela, como no diagrama anterior, incluímos o chakra do baço e o chakra alta major. Nela você verá também o número de pétalas de lótus atribuído a cada um dos sete chakras principais, número esse que corresponde ao número e à posição dos nadis que os rodeiam. Em outras palavras, é a configuração dos nadis que dá origem a cada espécime da flor de lótus.

Muitas pessoas experientes no estudo e na prática do ocultismo acham que as glândulas pineal e pituitária, que formam dois vértices de um triângulo cefálico cujo último vértice é a carótida, representam a espiritualidade do indivíduo, ao passo que as glândulas situadas abaixo da tireóide representariam o eu inferior ou personalidade. Em outras palavras, na opinião dessas pessoas, a glândula tireóide é uma ponte entre os dois planos da realização humana. Quando se referem

Chakra (Nome em sânscrito)	Descrição	Localização
1. Da base ou da raiz (*Muladhara*)	Lótus de 4 pétalas Vermelho, dourado	Na base da coluna vertebral entre a raiz dos genitais e o ânus
2. Do sacro (*Svadhisthana*)	Lótus de 6 pétalas Vermelho, branco	Região médio-sacral
3. Do plexo solar (*Manipura*)	Lótus de 10 pétalas Preto, azul-escuro, verde, dourado, vermelho, cinza	Abaixo das escápulas – na coluna
4. Do coração (*Anahata*)	Lótus de 12 pétalas Vermelho escuro, branco, azul-escuro, amarelo	Atrás do coração – na coluna vertebral
5. Da garganta (*Visuddha*)	Lótus de 16 pétalas Branco, amarelo, vermelho esfumaçado	Na base da garganta
6. Da fronte (*Ajna*)	Lótus de 2 pétalas Branco intenso	Entre as sobrancelhas
7. Da coroa (*Sahasrara*)	Lótus de 1000 pétalas Padrão que conduz à Origem Branco, vermelho, amarelo, preto, verde	No topo da cabeça
Chakra do baço		Na região superior esquerda do abdômen
Chakra alta major		Na base do osso occipital

Figura 3-2 Relações entre os Chakras e as Glândulas Endócrinas

OS CHAKRAS E AS GLÂNDULAS ENDÓCRINAS

Função	Glândula endócrina correlata
Vontade de existir no plano físico; liga o ser à terra; dirige o propósito da vida; abriga a energia kundalini; anima a substância das células físicas; rege os rins, a coluna vertebral, os nervos, a derme, o tecido cromafim; suas energias se transmutam para o chakra da coroa para originar a consciência superior	Supra-renais
Chakra da polaridade; garante a perpetuação da espécie; relacionado com os ovários e os testículos, com o útero, com todos os órgãos reprodutores; rege os instintos sexuais; suas energias se transmutam para o chakra da garganta para assegurar um equilíbrio e um modo de expressão superiores	Gônadas
Sede das emoções; o ego; interesse próprio; centro de purificação dos centros inferiores; quando perturbado, pode ser a causa do câncer; problemas digestivos, problemas de pele, negatividade, desarmonia quando hiperativo; rege o fígado, a vesícula biliar, o pâncreas, o sistema digestivo, o sistema nervoso simpático, as vísceras abdominais; suas energias se transmutam para o chakra do coração, centro da consciência de grupo	Pâncreas (estômago)
O excesso de estimulação deste chakra pode gerar problemas cardíacos; o egoísmo pode gerar úlceras; o chakra anahata auxilia na reação do córtex adrenal ao *stress*; expressa o amor-sabedoria, qualidades semelhantes às de Cristo e do Buda; centro da consciência grupal nos níveis mais elevado e mais baixo; rege o coração, a circulação sangüínea, o nervo vago e o sistema imunológico	Timo
Intelecto superior; chakra da vontade; equilíbrio de poder entre a reprodução e o cérebro; o mundo do pensamento; rege o sistema fonador, os brônquios, os pulmões, o sistema digestivo, a garganta e a respiração	Tireóide e Paratireóide
O excesso de atividade deste chakra pode manifestar-se em distúrbios de outras glândulas; é o centro da personalidade integrada; terceiro olho (clarividência mental superior); simboliza o mundo do espírito vital; sede da mente; rege os olhos, os ouvidos, o nariz, os dentes, o bulbo cerebral	Pituitária
Desejo de existência espiritual; quando desperto, é o olho da alma, que vê todas as coisas; leva em si os modelos de todos os centros energéticos; sede da alma; mundo do espírito divino; equilibra a vontade e o amor a Deus; contém réplicas de cada um dos chakras, e por isso os seres altamente evoluídos trabalham por meio deste chakra; rege o cérebro e o sistema nervoso central	Pineal
Centro de recepção e regulação do prana; vitaliza o corpo físico por meio da corrente sangüínea; fabrica glóbulos brancos; armazena ferro	Baço
Corresponde fisicamente ao *Antaskarana*; centro de comunicação entre as glândulas pineal e pituitária e a energia vital da coluna vertebral (kundalini); rege a coluna vertebral, a glândula carótida, os fluídos tissulares e a pressão sangüínea	Pineal, pituitária, carótida (triângulo das energias dos centros cefálicos)

às glândulas situadas no triângulo da cabeça, atribuem à pineal uma polaridade positiva e à pituitária uma polaridade negativa, dando a entender que a atividade de ambas demonstra a interação harmônica entre os opostos.

Damos abaixo breves descrições das principais glândulas, começando pelas mais espirituais. No final da seção, você encontrará informações sobre as glândulas associadas ao chakra do baço e ao chakra alta major.

Pineal

A glândula pineal, associada ao chakra da coroa, tem uma forma semelhante à de uma pinha. Ligada ao topo do terceiro ventrículo cerebral, ocupa uma pequena "caverna" atrás e acima da glândula pituitária, onde age como regente das secreções e reguladora geral das demais glândulas. Sua própria secreção — a melatonina — parece regular o relógio biológico humano. Essa glândula também impede a maturação sexual precoce, tonifica os músculos, influencia a pigmentação da pele e contribui para o desenvolvimento cerebral normal.

Pituitária

Essa glândula pequenina, com a forma de uma ervilha de dois lóbulos, associada ao chakra da fronte, situa-se no centro da cabeça, na base do cérebro. Conhecida como "glândula-mestra", a pituitária ajuda a regular glândulas específicas. Quando estas trabalham a contento, ela descansa; quando uma delas funciona mal, porém, a pituitária a estimula com o hormônio trópico. Por isso, quando a pituitária está hiperativa, é preciso verificar as demais glândulas. Os lóbulos anterior e posterior da pituitária parecem estimular independentemente as glândulas tireóide e supra-renais, afetando assim a dinâmica energética do sistema nervoso central, do cérebro e da medula espinhal. A pituitária também estimula o crescimento dos tecidos, influencia os órgãos sexuais e desencadeia a puberdade.

Tireóide e Paratireóide

A glândula tireóide, ligada ao chakra da garganta, controla o crescimento geral do corpo, os processos de oxidação e o desenvolvimento mental. Reage de maneira intensa à cor azul profunda.

A paratireóide é composta de quatro pequenas glândulas localizadas na extremidade posterior e inferior da tireóide, ou às vezes encaixadas nela. Regulam o metabolismo do fósforo e do cálcio, afetando assim o sistema neuromuscular.

Timo

O timo, relacionado ao chakra do coração, parece controlar o crescimento normal dos ossos e o metabolismo muscular durante a infância. Influencia fortemente o córtex adrenal e suas reações ao *stress*, bem como as glândulas pineal, tireóide e próstata. Pelo vínculo que guarda com o chakra do coração, o timo está diretamente associado ao "fio da vida" que, ancorado no coração, conduz a energia vital por todo o corpo através da corrente sangüínea. Essa glândula também parece influenciar os sistemas imunológico e auto-imunológico, além de ativar o nervo vago.

Pâncreas

Esta glândula, ligada ao chakra do plexo solar, desempenha uma dupla função: regula a produção de insulina e secreta enzimas usadas na digestão. Certas autoridades pensam que também o estômago é uma exteriorização do plexo solar.

Gônadas

As gônadas, associadas ao chakra do sacro, colaboram para a formação das glândulas sexuais diferenciadas durante a fase de desenvolvimento embrionário. Transformam-se depois nas glândulas reprodutivas femininas (ovários) e masculinas (testículos) e produzem as células necessárias à reprodução humana — a saber, o óvulo e o espermatozóide. Na mulher, essa glândula secreta o hormônio estrógeno, que regula e controla as funções reprodutivas; no homem, secreta a testosterona, que estimula o metabolismo e aumenta a força muscular.

Supra-Renais

As glândulas supra-renais, ligadas ao chakra da raiz, provocam a reação de lutar ou fugir diante do perigo. Também estimulam o crescimento da massa cinzenta no cérebro, o desenvolvimento das células sexuais e as faculdades de concentração mental e resistência física. A adrenalina por elas secretada estimula o coração e reforça o bem-estar geral.

Baço

Do ponto de vista energético, o baço é a maior das glândulas, embora não seja reconhecido como tal pela medicina moderna. O baço fabrica as células brancas do sangue, armazena ferro, influencia o sistema nervoso e ajuda na digestão. Na radiônica, a principal função do baço é a de fornecer *prana* ao organismo, como explicamos na p. 42.

Pineal/Hipófise/Carótida

As três glândulas que correspondem ao chakra alta major estão estreitamente ligadas ao cérebro. Nas pessoas espiritualmente desenvolvidas, elas transmitem ao cérebro a energia da alma, permitindo assim que a alma exerça sua influência sobre a personalidade.

Juntas, na qualidade de cristalizações dos corpos etéricos correspondentes, essas glândulas endócrinas controlam todas as funções do organismo físico. Por isso, os praticantes devem estudar as glândulas a fundo. O conhecimento do que cada uma delas faz e de como o faz é essencial para o trabalho com o campo energético humano. E sempre, na interação com a cadeia de comando que liga as estruturas sutil e física de um ser humano, o equilíbrio e a coordenação são as duas metas principais.

> *Um homem pode ficar doente e abatido, ou saudável e forte, de acordo com o estado dos centros e de suas precipitações, as glândulas. Deve-se lembrar sempre que os centros são os principais fatores que influenciam o plano físico e por meio dos quais a alma opera e expressa sua vida e qualidade de acordo com o ponto atingido no processo evolutivo; deve-se lembrar também que o sistema glandular é apenas um efeito — inevitável, por certo — dos centros por meio dos quais a alma opera. Por isso, as glândulas expressam plenamente o grau evolutivo do homem, e, de acordo com esse grau, são responsáveis por defeitos e limitações ou por vantagens e perfeições realizadas. A conduta e o comportamento do homem sobre o plano físico são condicionados, controlados e determinados pela natureza de suas glândulas, e estas são condicionadas, controladas e determinadas pela natureza, a qualidade e a vitali-*

dade dos centros; estes, por sua vez, são condicionados, controlados e determinados pela alma, de modo cada vez mais eficaz à medida que a evolução procede. Antes de serem controlados pela alma, são condicionados, qualificados e controlados primeiro pelo corpo astral e depois pela mente. O objetivo do ciclo evolutivo é o de efetivar esse controle, esse condicionamento e esse processo de determinação por parte da alma; os seres humanos de hoje encontram-se em todos os estados possíveis e imagináveis de desenvolvimento dentro desse processo.

— Alice A. Bailey

CAPÍTULO 4

Radiestesia e Saúde

O Pêndulo como Instrumento de Cura

Acredito profundamente que a radiestesia detém o privilégio especial de poder dar uma contribuição única e singular à reintegração da ciência material e da ciência espiritual e à restauração daquela integridade de perspectiva, de sentimento e de pensamento que temos o dever de realizar nesta era.

— Dr. Aubrey T. Westlake

RADIESTESIA, a arte e a ciência do trabalho com o pêndulo, é um termo cunhado por padres franceses do começo do século XX. A prática em si, porém, tem mais de cinco mil anos de história. Os mestres de feng shui da China antiga usavam essa técnica de avaliação e controle da energia para garantir que os edifícios fossem construídos em regiões seguras e saudáveis, onde não houvesse terremotos. Os pêndulos e outros instrumentos de radiestesia encontrados em tumbas egípcias mostram que o povo dessa antiga civilização também fazia uso de técnicas semelhantes. Os antigos celtas e outras culturas amigas da Terra também usavam a radiestesia, sobretudo para encontrar água, minerais e outros materiais incrustados no solo.

Os padres católicos franceses que criaram a palavra *radiestesia* desenvolveram a prática. Além de usá-la para encontrar água e minerais, aplicaram o pêndulo aos tratamentos de saúde, especializando-se em usá-lo para localizar doenças e prescrever remédios. O mais conhecido desses padres foi o Abade Mermet, cuja obra clássica, *Principles and Practice of Radiesthesia*, foi publicada em 1935. Mermet era considerado o "rei dos rabdomantes" em toda a Europa, inclusive no Vaticano. No continente europeu, seus quarenta anos de prática colaboraram para fazer da radiestesia uma nova ciência. Na Europa, a radiestesia é largamente praticada até hoje.

Segundo um dos muitos casos curiosos que se contam acerca das habilidades de Mermet, ele conseguiu, enquanto estudava em Genebra, contar com precisão o número de vagões de uma composição ferroviária que cruzava uma ponte sobre o Rio Sena em Paris, a mais de quatrocentos quilômetros de distância! Além de identificar esse curso d'água e contar o número de vagões que sobre ele passavam, Mermet forneceu informações geológicas corretas sobre a região. Em suas mãos, o pêndulo também foi utilizado para resolver casos policiais, encontrar tesouros, achar pessoas desaparecidas, analisar doenças e escolher os remédios adequados.

É assim que, nas mãos de um operador hábil, cuja mente foi purificada de todos os pensamentos alheios ao assunto, o pêndulo é capaz de detectar as mais sutis vibrações. Como essa atividade radiestésica consiste em ondas eletromagnéticas mensuráveis, o pêndulo é entendido como um instrumento de medida. E como ele permite que nossos sessenta quilômetros de filamentos nervosos captem essas vibrações sutis — algumas das quais podem ainda não ter sido identificadas pela ciência — o pêndulo pode ser visto como uma extensão do nosso eu superior, uma continuação extremamente sensível de nossas "antenas" humanas.

A proximidade não desempenha papel algum na detecção dessas vibrações sutis. Com efeito, espaço e tempo são meras concepções humanas. À semelhança das ondas luminosas — especialmente as mais próximas do ultravioleta, que viajam em grande velocidade e atravessam a matéria física — os raios radiestésicos, segundo se diz, estabelecem um vínculo quase instantâneo entre um pensamento e o objeto desse pensamento. Diz-se também que a ação a distância — como a do Abade Mermet, que detectou água a mais de quatrocentos quilômetros — ocorre em virtude da linha de força projetada por um pensamento, que pode dar a volta ao mundo em um sétimo de segundo.

Por isso, o sucesso no uso do pêndulo não depende da proximidade, mas sim da consciência. Na qualidade de operadores, basta-nos reconhecer que o universo é Um Só, que todos os seres e coisas têm ritmos de vibração próprios e específicos, ritmos com os quais podemos fazer contato pelo nosso vínculo com a unidade.

> *A palavra radiação geralmente significa, na mente do leigo, emanações intangíveis e não-materiais emitidas por certos corpos. Para o físico, porém, ela significa a energia que existe na forma de ondas eletromagnéticas. A palavra influência é usada para designar as forças não-materiais detectadas pelo pêndulo, e a radiação indica onde essas forças operam. A sensibilidade humana a essas forças é registrada pelo pêndulo. O ser humano parece ser uma estação radiodifusora complexa que emite radiações por meio de todos os seus órgãos, tecidos e estruturas. O pêndulo lida com as radiações assim detectadas e amplifica os seus efeitos.*
>
> — V. D. Wethered

Na opinião de muitos, a radiestesia é um tipo de estado intermediário entre a experiência sensorial vulgar e a percepção extra-sensorial, situando-se, portanto, num mundo que o físico Christopher Hills denomina "supersensônico". Na verdade, a radiestesia faz uso de um sentido superior que faz contato direto com as forças formativas etéricas e, em certas circunstâncias, com os planos superiores da existência. Em virtude dessa interação, um praticante que trabalha com energias é capaz de detectar no nível sutil doenças que ainda não se manifestaram no veículo físico grosseiro.

> *Parece haver duas fontes de energia que produzem os efeitos registrados pelo pêndulo, ou duas escolas de pensamento acerca dessa energia. Segundo a primeira, essa energia faz parte do espectro eletromagnético e o corpo humano é uma massa de forças elétricas. Segundo a outra, os efeitos radiestésicos são metafísicos em sua natureza, um produto da mente.*
>
> — Dr. H. Tomlinson

Seja qual for a escola de pensamento de sua preferência, lembre-se sempre de dois fatos. Em primeiro lugar, toda a matéria emite radiações; em segundo lugar, todo ser vivo emite formas ondulatórias eletromagnéticas que indicam o seu estado. Em outras palavras, a intensidade e a freqüência dessas vibrações refletem determinados fatores físicos e psicológicos subjacentes. Conseqüentemente, qualquer disfunção ou distúrbio se refletirá nas formas ondulatórias eletromagnéticas e será, portanto, acessível a um radiestesista.

O uso do pêndulo na nossa época

O pêndulo é um instrumento de medida tão sensível que é capaz de captar as mais sutis vibrações de materiais não só ativos como também inertes. Em certo sentido, é semelhante a um aparelho de rádio, que traduz oscilações numa música audível; no caso do pêndulo, é o *corpo humano* que opera essa função de tradução.

Nas décadas recentes, inventaram-se um grande número de novas utilidades para o pêndulo. Eis algumas das mais comuns:

- A busca de água, minerais ou formações geológicas. Em 1949, por exemplo, o conhecido rabdomante norte-americano Harry Gross, em sua casa no estado do Maine, usou um mapa topográfico das Bermudas para encontrar água nas ilhas. Quando o governo das Bermudas resolveu abrir novos poços, encontraram a água nos pontos exatos previstos por Gross. Antes disso, haviam procurado água e não haviam encontrado.
- A avaliação de tubulações, drenos e outros condutos de água para captar as possíveis radiações nocivas emitidas por cursos d'água subterrâneos.
- A localização de linhas *ley* e centros de energia acima e abaixo da superfície da Terra.
- A exploração de sítios arqueológicos.
- Análise médica e veterinária e escolha de remédios.
- Na agricultura e na horticultura, o estudo do solo, das polaridades das plantas, da vitalidade dos alimentos e da contaminação dos alimentos por pesticidas ou radiações.
- A escolha de remédios e potências homeopáticas.
- A identificação e localização de criminosos, bem como de pessoas desaparecidas e animais e objetos perdidos.
- A avaliação de aptidões e da personalidade no campo de recursos humanos e a realização de testes biométricos.
- A detecção de radiações nocivas nos ares, na água e no solo ao redor dos nossos espaços de habitação e trabalho.

Além disso, a radiestesia é usada para determinar as causas de muitas doenças de que os médicos e veterinários não têm um conhecimento suficiente. Mostrou-se especialmente útil para as pessoas que pulam de médico em médico e recebem muitas prescrições de remédios, sem porém encontrar alívio, pois a natureza do distúrbio que as aflige não é corretamente identificada. Muitas vezes, essas doenças são causadas ou intensificadas pelas radiações nocivas ou pela toxicidade do subsolo, de detritos enterrados ou de poluentes dispersos no ar, como o mercúrio, o alumínio e outros venenos metálicos. Como afirma o dr. H. Tomlinson em seu livro *Aluminum Utensils and Disease: The Dangers Inherent in the Widespread Use of the Metal*, "a radiestesia é a única ciência que explica profundamente o problema do envenenamento por alumínio, pois dá a chave da compreensão de todo o assunto e permite que o médico faça um diagnóstico preciso e prescreva um tratamento de cura adequado".

A radiestesia possibilita a identificação não só da causa de uma doença, mas também do local exato onde ela se manifesta. Na figura 4-1 mostramos um gráfico muito usado para detectar a localização de uma doença.

Como usar o pêndulo

Qualquer pessoa de mente lúcida pode aprender a usar um pêndulo. Eis algumas diretrizes para a escolha do pêndulo e para aprender a usá-lo com sucesso.

Como escolher um pêndulo

Existem muitos tipos de pêndulo — pêndulos exóticos feitos de madeira africana e com a forma de uma bala de revólver, cristais iridescentes, pêndulos de aço ou de plástico, pêndulos de marfim com uma cavidade onde se pode pôr o objeto a ser avaliado, pêndulos de lucite com ponta de agulha para a avaliação precisa de gráficos e por aí afora. Quando for escolher um pêndulo para você, dê preferência a um pêndulo translúcido e sem cor, ou de cor neutra como cinza, branco ou preto.

Para os iniciantes, uma linha de pesca com um peso de prumo ou chumbada de pesca é o suficiente. É preciso, contudo, que o conjunto esteja equilibrado e seja ligado a um cordão ou corrente leve porém firme. À medida que você progredir na radiestesia, poderá usar um

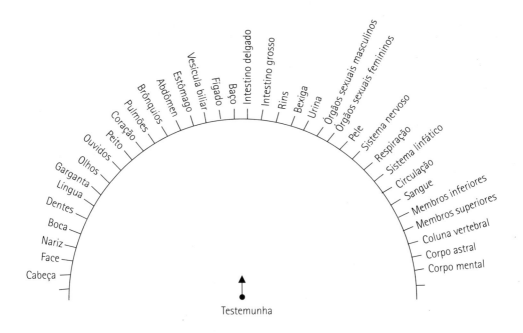

Figura 4-1 Gráfico de Localização dos Distúrbios

instrumento mais sensível. Com a experiência, desenvolverá uma sensibilidade que poderá levá-lo a optar por um tipo específico de instrumento. Escolher um pêndulo é como escolher uma raquete de tênis: a *sensação* é muito importante. Por isso, encontre aquele que lhe dá a melhor sensação e use-o sempre.

Você vai constatar que o pêndulo não pode fazer nada sem a participação do operador. Por isso, se quiser usá-lo, é essencial que você pratique. Por quê? Porque com a prática vem o discernimento. O dr. Aubrey T. Westlake, da Inglaterra, disse certa vez que uma das funções mais importantes da Radiestesia é a de fazer uma ponte entre dois mundos — o sensível e o supra-sensível. E acrescentou: "Aprenda a discriminar entre as respostas dadas pelo eu superior e pelo eu inferior. A diferença se manifesta na simplicidade essencial e na aura de verdade [do eu superior]."

Regras de uso

Ao trabalhar com o pêndulo, observe as regras expostas a seguir. Elas o ajudarão a obter mais eficácia na sua atividade radiestésica.

- Com o intelecto, formule uma pergunta que possa ser respondida com um "sim" ou um "não". Coloque-a em palavras cuidadosamente, evitando o duplo sentido e a obscuridade. Depois, você pode deixar que sua intuição receba a resposta. Provavelmente vai constatar que, quanto mais sabe sobre um assunto, tanto mais precisas serão as respostas recebidas.
- Purifique-se completamente, deixando de lado todas as idéias preconcebidas, e abra-se mentalmente ao espírito da verdade. Peça ao espírito da verdade que o oriente em seus trabalhos.
- Permaneça plenamente consciente e mantenha o autodomínio enquanto espera pela resposta. As flutuações da atenção podem gerar respostas incoerentes. Lembre-se que o pêndulo vai responder ao que quer que esteja em sua mente.
- Aceite a primeira resposta recebida. Se você repetir a pergunta até obter a resposta que deseja, vai bloquear o fluxo natural da intuição.
- Adote os métodos de apoio que funcionam para você. O fato de um radiestesista mais experiente usar determinadas roupas ou voltar-se para determinada direção para obter respostas corretas não significa necessariamente que essas práticas possam ajudar você. Descubra seus *próprios* rituais e saiba que o caminho que está trilhando é *seu* e de mais ninguém.
- Comprometa-se a só usar o pêndulo para trabalhos sérios. Evite a tentação de usá-lo para banalidades como contar o número de feijões dentro de um vidro ou pedir informações triviais sobre sua vida amorosa.

Sintonize-se com a sua polaridade

Outro fator fundamental para que o pêndulo dê respostas precisas é a correta interpretação do movimento dele, o qual corresponde à sua polaridade. Todas as coisas têm polaridade. Os dois aspectos da natureza se expressam no yin e no yang, nas características femininas e masculinas, na escuridão e na luz, na maciez e na dureza, na absorção e na deflexão, no negativo e no positivo e assim por diante. Como as marés do magnetismo, porém, chega um ponto em que uma polaridade se torna no seu oposto, dando a entender, por exemplo, que o yin e o yang não são fixos; o que era yin ontem pode ser yang amanhã.

Outra coisa que não se deve esquecer é que, como já disse, cada um de nós tem um padrão característico de energia radiante — padrão que expressa a somatória dos padrões energéticos de todos os tecidos que compõem o nosso organismo. Por mais que procuremos, não encontraremos jamais alguém que seja exatamente igual a nós, a menos que possamos produzir um clone; e, mesmo nesse caso, pode ser que a reprodução exata não seja possível. Em outras palavras, os padrões energéticos que você irradia enquanto trabalha com o pêndulo não podem ser reproduzidos por mais ninguém.

Além da polaridade total do indivíduo, cada órgão tem também a sua polaridade, bem como cada célula e cada molécula. O dr. Albert Roy Davis e outros estudiosos do magnetismo, que levaram em consideração todos esses fatores, constataram que na maioria dos casos, mas não sempre, o lado direito do corpo humano é positivo (sim) e o lado esquerdo é negativo (não).

A maneira mais simples de saber quais são as suas reações de sim e de não é usar uma pilha elétrica comum. Segurando o fio do pêndulo entre o polegar e o indicador da mão dominante, suspenda-o sobre o pólo positivo (+) da pilha. O fio deve ter um comprimento que possibilite um bom movimento do pêndulo sobre a pilha. Faça com que o peso se mova um pouco, se quiser, e, conservando o olhar fixo nele, pergunte: "Qual é a minha reação positiva?" Quando o pêndulo estiver se movendo sozinho, repare no movimento que ele está fazendo. Depois, mude os pólos da pilha e descubra sua reação negativa. Repare de novo no movimento observado. Por fim, altere a posição dos seus dedos sobre o fio de modo a permitir que o pêndulo se mova o mais livremente possível; quanto mais comprido o fio, mais rápido se move o peso. Esse procedimento todo se chama de "afinação" do pêndulo.

Colocando o pêndulo entre os pólos, você vai constatar um terceiro tipo de reação — um movimento mais neutro. Esse tipo de ação do pêndulo indica que você ainda precisa de mais alguma coisa para poder obter uma resposta precisa. Quando isso acontece, você pode se purificar mais, reformular a pergunta ou mesmo pedir informações preliminares. Outra possibilidade é que a informação desejada ainda não está clara ou não pode ser revelada. Quando tiver dúvidas sobre o sentido de um movimento neutro, pergunte ao pêndulo!

As três ações básicas do pêndulo são a rotação no sentido horário, a rotação no sentido anti-horário e a oscilação de um lado para o outro. Também é comum que existam variações desses movimentos. O que importa não é tanto quais os movimentos que refletem a resposta "sim" e a resposta "não", mas a *regularidade* desses movimentos. Depois de várias tentativas, você já não deve ter a menor dúvida de que a reação positiva é, por exemplo, a rotação no sentido horário.

Como trabalhar com uma "testemunha"

O último elemento do uso da radiestesia para a saúde é uma testemunha — um objeto ou material qualquer que tenha a vibração do paciente. São essas radiações passíveis de definição que vão ajudar você a fazer um diagnóstico ou programar um tratamento. Neste último caso, você deve avaliar a ressonância entre a testemunha e um remédio em potencial. Como é óbvio, a ética manda que você não analise nem avalie tratamentos a partir de uma testemunha sem o consentimento da pessoa envolvida.

O que pode servir como testemunha? Uma das possibilidades é uma fotografia do paciente. Muitos povos indígenas não gostam de tirar fotos porque têm medo de que suas almas fiquem "presas na câmera". Com efeito, a foto de uma pessoa traz a marca do seu padrão energético específico e dos seus vínculos *aka*. Para os pacientes que o permitirem, e certamente para animais e vegetais, uma fotografia pode fornecer uma grande variedade de informações sobre aquele ser, tanto na época em que foi tirada quanto no presente. Já no que diz respeito ao futuro, é bom saber que este quase nunca pode ser previsto com precisão.

Entre as demais testemunhas admissíveis podemos mencionar a saliva, a urina, uma assinatura original, uma mecha de cabelo ou uma mancha de sangue. Muitos praticantes experimentados consideram o sangue a melhor de todas as testemunhas. Como afirmou Alice Bailey em *Esoteric Psychology II*, "o sangue é a vida". Essa noção foi expressa por Art Jurriaanse quando escreveu no livro *Bridges*: "O sistema sangüíneo: esse sistema, centrado no coração, é, em primeiro lugar, o portador do princípio vital e, simultaneamente, distribui a combinação de energias engendradas ou assimiladas pelos outros sistemas corpóreos."

Embora uma mancha de sangue possa ser a melhor de todas as testemunhas, há dois cuidados que você sempre deve tomar. Em primeiro lugar, há hoje muitos praticantes que evitam usar sangue em virtude da capacidade deste de transmitir doenças incuráveis. Em segundo lugar, um praticante que eu conheço estava usando como testemunha o sangue de um paciente hospitalizado que havia sofrido uma cirurgia. De repente, a testemunha parou de suscitar reações do pêndulo. Quando se averiguou o que estava acontecendo, constatou-se que o paciente havia recebido uma transfusão que mudara o código característico da energia vital do seu sangue. Levou mais de 24 horas para o código se reafirmar, e foi só então que o praticante pôde obter uma reação da mancha de sangue. A moral da história é que *pode ser impossível obterem-se leituras de uma mancha de sangue, ou pelo menos as leituras podem ser imprecisas, num período de 24 horas depois de uma transfusão de sangue.* Por isso, se estiver avaliando um paciente nessas condições, espere.

É interessante observar que cada célula do sangue leva a marca energética inequívoca da pessoa de quem se originou. Do ponto de vista energético, esse dado dá margem a muitas indagações: o que acontece quando células de outro padrão se sobrepõem a um sistema energético? Quanto tempo a pessoa leva para se readaptar? O que acontece em transplantes de órgãos ou operações de mudança de sexo? Pode ser que, algum dia, a radiestesia possa dar respostas interessantes a essas perguntas.

O dr. Alexis Carrel, ganhador do Prêmio Nobel, recomendou aos médicos do começo do século XX que mantivessem a mente aberta para a possibilidade de que métodos heterodoxos de pesquisa em medicina viessem a mostrar-se úteis. Disse, além disso, que a radiestesia devia ser levada a sério.

Na Europa e em boa parte do mundo, a radiestesia não é só uma ciência do passado, mas é também do presente. Nos Estados Unidos, entretanto, em que a inovação e a estreiteza de visão se combinam de modo surpreendente, a radiestesia ainda é considerada uma forma de charlatanismo. O bom é que, à medida que os norte-americanos vão cada vez mais reconhecendo a existência dos padrões energéticos, o uso médico da radiestesia tende a se tornar, também nos Estados Unidos, um método comum de pesquisa, diagnóstico e tratamento.

C A P Í T U L O   5

Padrões

A Interação com os Corpos Sutis

O sujeito toma consciência daqueles padrões, formas e símbolos básicos que são os modelos dos arquétipos que determinam o processo evolutivo e que produzem, por fim, a materialização do Plano de Deus. São eles também os grandes símbolos da consciência humana em expansão. O reconhecimento do ponto, da linha, do triângulo, do quadrado, da cruz, do pentágono e de outros símbolos semelhantes, por exemplo, não é outra coisa senão o reconhecimento de uma ligação com certas linhas de força — e de uma dependência em relação a essas linhas — que até agora determinaram o processo evolutivo.

— Alice A. Bailey

UM PADRÃO, ou forma geométrica, é aquilo que determina a essência de uma coisa. Se olhar ao seu redor, você perceberá a existência de várias figuras básicas. Essas configurações geométricas têm uma origem natural e agem como vínculos entre as formas naturais. Também produzem energia.

Existem muitas formas básicas. O formigueiro tem uma forma triangular Δ; seu ápice estreito dá acesso a uma área de habitação que vai se alargando aos poucos. A haste de trigo e a folha de erva têm uma forma vertical. Se você seccionar o caule de um pé de hortelã, verá que ele é quadrado ❏.

O círculo talvez seja a forma mais importante. Entre os índios norte-americanos, por exemplo, a Roda da Cura tem um sentido profundo. Segundo Hyemeyohsts Storm, autor de *Seven Arrows*, "todas as coisas estão contidas na Roda da Cura e, dentro dela, todas as coisas são iguais. A Roda Sagrada é o Universo Total". Storm ainda diz que a roda sagrada é um espelho que reflete tudo quanto existe.

O círculo circunscreve todas as coisas no mundo conhecido. O escritor e pesquisador Gunther Wachsmuth, em seu estudo das forças formativas etéricas, afirmou que o círculo engloba todas as forças da natureza e mais as presentes no espectro luminoso. Paracelso, alquimista e médico do século XVI, foi ainda mais específico: "Tudo o que o homem realiza ou faz, que ensina ou quer aprender, tem de ter a proporção correta; tem de seguir sua própria linha e permanecer dentro do seu próprio círculo para que o equilíbrio seja preservado, para que não haja nada de torto, para que nada saia do círculo."

No que diz respeito aos círculos e às demais configurações, um dos conceitos básicos é o de que o espírito que se movimenta para fora a partir de um vórtice ou centro é *energia*, e a energia que se movimenta para dentro em direção a um vórtice ou centro se torna *matéria*, como demonstram os chakras. Sabendo disso, podemos ver que a matéria é um padrão de energia. Podemos também supor que, como disse Rudolf Steiner, investigador da ciência espiritual de princípios do século XX, as forças formativas etéricas se movimentam "em sentido centrípeto a partir da circunferência do espaço cósmico". Quando são contidas dentro de um campo energético configurado, essas forças centrípetas se intensificam — coisa importante de se lembrar quando se trabalha com padrões geométricos.

O efeito curativo dos padrões

O uso de padrões é tão antigo quanto o próprio homem. Os petróglifos antigos contêm inúmeras configurações geométricas, como a suástica invertida e o círculo, além de figuras de animais e símbolos que representam a força da natureza. É possível que todas essas coisas tivessem um valor medicinal. Sabemos que os cantores (xamãs) contemporâneos da etnia navajo usam pinturas de areia geometricamente decoradas em suas cerimônias de cura. Seus padrões geométricos simbólicos, que vão desde os muito simples até os altamente complexos, são criados de improviso para dar harmonia e equilíbrio ao paciente. Durante a cerimônia, o paciente geralmente se senta sobre a pintura de areia, que depois é destruída.

> *O símbolo tal como o conhecemos é um sinal exterior e visível de uma realidade interior e espiritual.*
>
> — Alice A. Bailey

Na Idade Média, tanto os alquimistas quanto os magos usavam formas geométricas. Alguns também recitavam "nomes sagrados" — o que os hindus chamam de *mantras* —, combinando energias sonoras com energias figurativas. Já se observou que o som tem polaridade positiva e a figura tem polaridade negativa, e que esses dois aspectos polares, juntos, dão origem à cor.

Para conhecer os efeitos dessa prática, experimente meditar sobre o símbolo do chakra do coração, representado abaixo, e ao mesmo tempo cantar o seu som: "so-ham", que em língua hindu significa "Ele sou eu". "So", que significa "Deus", é expresso durante a inspiração; "ham", que significa "eu", é expresso durante a expiração. Tipicamente, "so" é assimilado pela narina esquerda e "ham" é exalado pela direita. Quando prolongadas, as respirações produzem o som vibratório "sooooooo-hammm-mmmmm". Sabe-se que esse *mantra* ajuda a purificar e acalmar a mente e os sentimentos, uma vez que cada respiração feita desse modo nos lembra que nós somos uma parte de Deus.

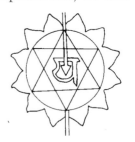

> *Isso talvez lhe pareça abstrato, mas saiba que o som é a "palavra" da consciência a partir da qual é construída a forma.*
>
> — Viola Petitt Neal, Ph.D

Existem outros padrões geométricos com os quais se podem fazer experiências. Exemplo disso são os símbolos de estruturas moleculares visualmente impressionantes, como o do sesquióxido de germânio, representado na figura 5-1. O germânio orgânico, que aumenta tremendamente a quantidade de oxigênio absorvida pelo corpo, é encontrado em plantas como o ginseng, o alho, o agrião, a cevadinha e o confrei.

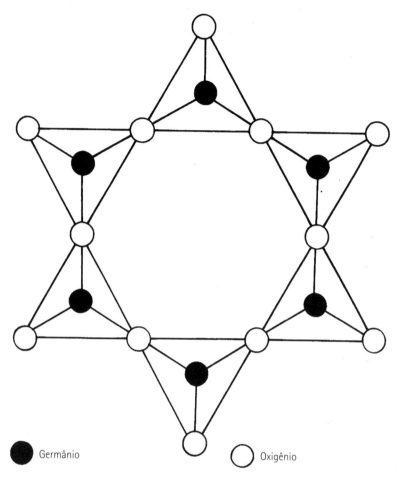

Figura 5-1 Padrão Molecular do Sesquióxido de Germânio

Os símbolos moleculares e outras configurações energéticas são usados com freqüência nas transmissões radiônicas, pois sabe-se que afetam profundamente os corpos sutis do sistema energético humano. Podem assim estimular mudanças nos níveis mental, astral e físico/etérico. Você verá no capítulo seguinte que os padrões geométricos usados pelo dr. Aubrey T. Westlake demonstram esse princípio.

Conhecem-se muitas correspondências. Diz-se, por exemplo, que o círculo está relacionado com o corpo astral; o losango ou forma de diamante, com o corpo etérico; e o triângulo, com o corpo mental. Essas formas básicas podem ser transmitidas mediante um procedimento semelhante ao descrito no Capítulo 7. Nesses casos, os padrões geométricos podem ser colocados diretamente sobre o local do problema, ou sobre uma fotografia ou carta anatômica que contenha uma testemunha do paciente. Podem também ser visualizados ou, para provocar reações ainda mais profundas, podem ser aplicados por meio de lâmpadas coloridas, associando os efeitos da geometria ao das cores.

Parece que, hoje em dia, o padrão geométrico mais importante é a dupla hélice do DNA, o modelo matricial das células. Curiosamente, o padrão computadorizado da dupla hélice se parece com uma forma que já era usada para a cura muito antes de a configuração do DNA ser descoberta.

Pode ser que algum dia o uso de padrões geométricos nos ajude a encontrar soluções para muitos problemas da vida. E por quê? Porque esses padrões constituem um foco para o desencadeamento de forças conhecidas e desconhecidas. Facilitam também o intercâmbio de energias entre o médico e o paciente. Por enquanto, como já vimos, sabemos que a maioria dos distúrbios tem sua origem no nível astral ou emocional. Mas as situações variam; por isso, em cada caso deve-se verificar cuidadosamente a causa fundamental e o local exato do problema.

Padrões, diagramas e listas usados na radiestesia

O uso do pêndulo junto com figuras geométricas pode ajudar você a identificar imediatamente a causa e a localização de uma doença, além de determinar a cura mais eficaz. Os padrões geométricos básicos, diagramas e listas apresentados a seguir, junto com os exercícios que os acompanham, poderão lhe dar uma idéia do poder das diversas configurações. Quanto mais você trabalhar com eles, tanto mais tenderá a desenvolver modificações e, nesse processo, personalizar os instrumentos de acordo com suas próprias modalidades de uso.

Padrões

Os padrões geométricos são especialmente úteis para o tratamento por emissão radiônica. Para começar, atuam como geradores no processo de enviar energias específicas a uma testemunha; além disso, podem ser "ajustados", como quaisquer outros equipamentos radiônicos, para transmitir uma freqüência desejada durante um tempo determinado. Quando se usa um padrão geométrico na transmissão radiofônica, é muito importante verificar periodicamente o estado da testemunha, uma vez que as energias, as reações e as necessidades do paciente vão mudando à medida que o tratamento é aplicado.

Dentre os padrões geométricos mais usados hoje em dia podemos destacar o Selo de Salomão (também chamado Estrela de Davi) e o Diamante Estático. Ao trabalhar com essas configurações, lembre-se que a estrutura de qualquer padrão geométrico cria formas ondulatórias e, portanto, energias específicas.

O Selo de Salomão (Estrela de Davi). Essa configuração é muito usada para o equilíbrio. O tipo de forma ondulatória que gera parece proteger a pessoa das influências emocionais alheias. Para experimentar você mesmo os seus efeitos, faça este exercício quando tiver de se colocar numa situação emocionalmente difícil, como a de fazer um exame ou encontrar-se com uma pessoa que o aborrece.

- Usando uma caneta hidrográfica preta de ponta grossa, desenhe um Selo de Salomão ✡ numa folha branca tamanho ofício.
- Coloque sua testemunha no centro do símbolo.
- Peça a um assistente que retire sua testemunha do selo numa determinada hora, durante o seu encontro, e a recoloque no lugar alguns minutos depois.
- Vá e faça o que tem de fazer, atentando para o que acontece na hora combinada com o assistente. Você se sentiu diferente quando a testemunha foi retirada de dentro do selo?
- Caso não tenha sentido a diferença, volte o selo para outra direção e repita a experiência. Use o pêndulo para encontrar a orientação adequada.

Diamante Estático. Esse padrão de tratamento é um dentre vários padrões geométricos desenvolvidos pelo dr. Aubrey T. Westlake e seus colegas em meados da década de 1970. Seus usos e metodologias estão detalhados no livro *The Pattern of Health*, no qual ele chama o diamante estático de "pau para toda obra".

As duas principais funções dessa forma são as de energizar florais de Bach ou sais celulares (descritos no Capítulo 9) e ajudar na irradiação de remédios cromoterápicos. Quando é usado para energizar um floral de Bach, o desenho deve ser disposto na horizontal, como mostra a figura 5-2, com o lado correspondente ao sal celular sulfato de cálcio voltado para o norte. Coloque a testemunha no centro do diagra-

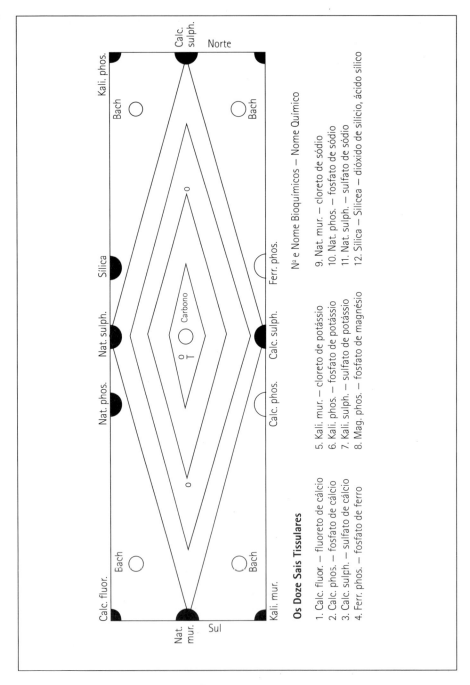

Fonte: (De The Pattern of Health, Aubrey Westlake, Shambhala, Londres, 1973. Reproduzido com a permissão da sra. Jean Westlake Cormack)

Figura 5-2 O Diamante Estático

ma e o frasco contendo o floral num dos pequenos círculos onde está escrito "Bach". Então teste o floral com seu pêndulo para determinar a dosagem correta. Nesses casos, o pêndulo também pode ser usado para encontrar o floral correto.

Diagramas

Os diagramas geométricos têm muito a oferecer aos que usam a radiestesia para diagnosticar e curar problemas de saúde. Cada um deles tem um local para a testemunha e espaços onde se podem escrever os nomes de remédios, frutas, legumes, cereais, vitaminas ou quaisquer curas em potencial que o praticante pense em aplicar.

Apresentamos a seguir dois diagramas básicos com os quais você pode praticar. Tome a liberdade de introduzir variações sobre esses temas ou, se preferir, de inventar diagramas originais. A melhor diretriz é a seguinte: se uma coisa funciona para você, use-a!

O Diagrama da Roda. Neste diagrama, a testemunha é colocada no centro e os itens cuja compatibilidade com o paciente se quer verificar são escritos nas extremidades dos doze raios. O pêndulo, pendurado sobre a testemunha, vai balançar ao longo de um raio na direção do item adequado.

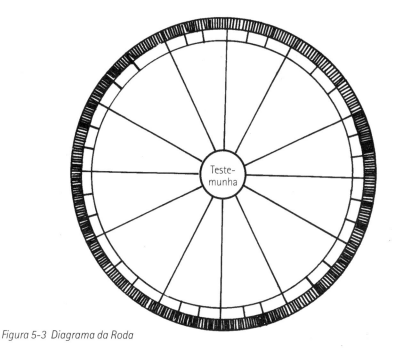

Figura 5-3 Diagrama da Roda

Diagrama em V. Este diagrama é extremamente popular, talvez em virtude da sua versatilidade. Pode ter só duas linhas — uma que significa "sim", outra que significa "não" — ou muitas linhas no final das quais é colocada uma etiqueta. A testemunha é colocada no vértice (ver figura 5-4) e o praticante segue o mesmo procedimento já delineado até que o pêndulo aponte para a resposta correta, o remédio apropriado ou, como no caso aqui ilustrado, a cor adequada.

Listas

A lista — uma simples sucessão de itens — ajuda o praticante de radiestesia a avaliar a presença ou ausência de determinados agentes patogênicos, como parasitas. Além disso, podem levar o praticante a reconhecer o remédio necessário, como um determinado suplemento alimentar, uma cor, um óleo essencial, uma pedra, uma essência floral ou o que quer que seja.

A lista e a testemunha geralmente são colocadas sobre uma grande folha de papel preto, visto que, segundo se acredita, a cor preta afasta todas as radiações estranhas. O operador segura com a outra mão, em vez de com a que usa o pêndulo, um objeto pontudo com o qual indica sucessivamente os itens da lista, e vai, a cada item, formulando claramente uma pergunta que pode ser respondida com um "sim" ou um "não", como: "O paciente tem tal doença?" ou "É esse o remédio correto para o paciente?"

Em cada caso em que se trabalha com uma lista, quer para fins de diagnóstico, quer para o tratamento, monte a lista já pensando no paciente; uma lista pronta, que conste de um livro ou revista, também serve. Para apontar os itens, use um palito japonês de madeira. Acima de tudo, formule cuidadosamente as perguntas, de maneira simples e específica.

Exercícios práticos de radiestesia

O trabalho com esta série de exercícios vai ajudar você a se familiarizar com o uso do pêndulo. Logo você há de observar as respostas do pêndulo às configurações energéticas dos padrões geométricos que estiver utilizando.

Depois de praticar os exercícios por algum tempo, você começará a sentir radiações vindas do pêndulo para os seus dedos. Constatará também que a atividade do pêndulo não se limita às forças que operam no plano físico.

PADRÕES

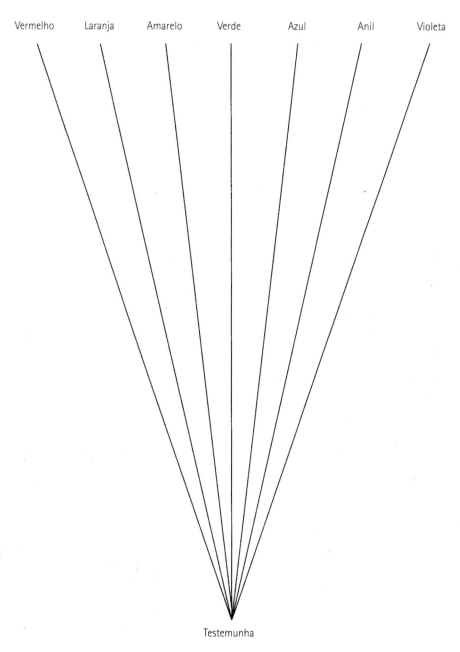

Figura 5-4 Diagrama em V

Moedas iguais e moedas diferentes

- Coloque lado a lado duas moedas iguais (de 25 centavos, por exemplo). Usando o pêndulo, faça uma leitura de cada uma — ou seja, peça uma resposta negativa ou positiva.
- Suspenda o pêndulo entre as moedas e veja o que ele faz. Esse movimento de ida e vinda indica a presença de um "raio harmônico" — uma corrente de energia radiante que cria a ressonância entre dois ou mais objetos semelhantes.
- Faça a mesma experiência com moedas *diferentes*, como uma de 25 e outra de 10 centavos. O raio harmônico se forma entre elas? (*Observação:* essa ressonância não existe entre objetos que não sejam semelhantes!)
- Voltando às moedas iguais, suspenda o pêndulo entre elas. Quando ele começar a balançar, peça a alguém que desenhe a lápis uma linha ligando uma moeda à outra e veja o que acontece com o pêndulo. Você verá que a linha bloqueia a expressão do raio harmônico. Que conclusão você tira acerca da relação entre as dimensões do espaço e o pêndulo?

Teste de compatibilidade

Este exercício pode ajudar você a avaliar a compatibilidade entre duas pessoas. Para não gerar ainda mais antipatia em casos em que o grau de compatibilidade é baixo ou inexistente, *não* faça o exercício quando as duas pessoas avaliadas estiverem presentes.

- Coloque lado a lado duas fotografias ou outras testemunhas. Usando o pêndulo, faça uma leitura de cada uma delas, sentindo cuidadosamente a energia que as rodeia.
- Suspenda o pêndulo entre elas e veja o que ele faz. Se houver um raio harmônico ou uma compatibilidade entre elas, o pêndulo balançará de uma testemunha para a outra. Se não, oscilará no espaço entre elas.

Jogo de cartas

- Escolha três cartas pretas (paus) e três vermelhas (copas), embaralhe-as e, sem olhar, coloque-as em linha com a face para baixo.
- Programe mentalmente seu pêndulo para girar em sentido negativo sobre as cartas pretas e em sentido positivo sobre as vermelhas.
- Colocando o pêndulo sobre a carta situada na extrema esquerda, observe o balanço dele, adivinhe a cor da carta, vire-a e marque um ponto a seu favor se a previsão estiver correta.

- Repita a etapa anterior com cada uma das cinco cartas restantes. Em que medida você efetivamente conseguiu programar o pêndulo?

Adivinhe a forma-pensamento (prática para um grupo avançado)
- Dividam um grupo de pessoas em duas equipes, A e B.
- Peçam a um membro da equipe B que saia da sala enquanto a equipe A constrói sobre a mesa uma forma-pensamento. (Para construir uma forma-pensamento, basta pensar num objeto, como uma bola de pingue-pongue, concentrando-se na sua forma.)
- Peçam ao membro da equipe B que volte à sala e tente adivinhar por meio da radiestesia a forma sobre a mesa, fazendo aos membros de sua equipe perguntas que possam ser respondidas com um "sim" ou um "não". Se ele adivinhar a forma-pensamento, marca um ponto para sua equipe. Se transcorrer um período específico de tempo sem que a pessoa acerte o palpite, passem à próxima etapa.
- Repitam o exercício acima com a equipe B, construindo uma forma-pensamento e um membro da equipe A tente adivinhar por meio da radiestesia a resposta.
- Continuem alternando os construtores de formas-pensamento e os operadores de pêndulo, marcando um ponto para cada adivinhação correta. Depois dêem um prêmio à equipe vencedora.

Análise da mão
- Suspenda o pêndulo sobre cada uma das partes da carta de análise da mão mostrada na figura 5-5 e pergunte: "Esta área está equilibrada?" As respostas que você obtiver lhe dirão muitas coisas acerca do seu bem-estar físico e das áreas que precisam ser equilibradas.
- Repita o exercício usando uma testemunha e, se quiser, um objeto para apontar para as áreas da mão. A testemunha pode ser colocada em diversas regiões da mão mostrada na carta e testada com o pêndulo sobre cada uma delas. Você pode também colocá-la ao lado da carta e, usando o objeto para apontar, fazer os testes sobre a testemunha. Divirta-se!

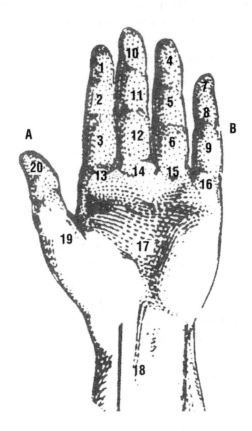

1. Cabeça
2. Garganta
3. Braços, mãos, ombros
4. Peito
5. Estômago
6. Intestinos
7. Rins, coluna vertebral
8. Órgãos sexuais
9. Coxas, ânus
10. Joelhos
11. Pernas
12. Pés
13. Fígado, circulação
14. Ossos, dentes
15. Coração
16. Sistema nervoso
17. Músculos faciais
18. Músculos abdominais, músculos peitorais
19. Músculos da garganta
20. Vitalidade geral

A, B — áreas em que ocorrem variações durante a menstruação nas mulheres e cerca de sete vezes por ano nos homens.

Figura 5-5 Carta para a Análise da Mão

CAPÍTULO 6

Cura a Distância

A Mente como um Gerador

A força da mente. É essa a energia iluminadora que aclara o caminho para a transmissão e a recepção de uma idéia ou de uma forma. Não se esqueça de que a luz é uma substância sutil. A energia da mente pode se materializar num raio de luz.

— Alice A. Bailey

A ARTE terapêutica da radiônica, ou cura a distância, transcende os parâmetros comuns da explicação científica. Suas aplicações são ilimitadas; só podem ser contidas pelos limites da criatividade e da capacidade do praticante, e seus efeitos terapêuticos são freqüentemente profundos. Por quê? Principalmente porque a radiônica é baseada em leis universais. Ela reconhece que cada pessoa, uma combinação única de essência e substância, é dotada de componentes materiais e sutis. Reconhece, além disso, a universalidade da consciência — sabe que todos nós fazemos parte de tudo quanto existe. Em última análise, a radiônica faz uma ponte não só entre a realidade física e a não-física como também entre a medicina moderna e a medicina espiritual.

A praticante britânica sra. Lavender Dower, que trabalha com radiônica há mais de cinqüenta anos, encara-a como a medicina do futuro, especialmente nesta época em que a ciência está se aproximando do conceito de medicina energética e chegando perto de admitir a existência dos chakras. Respondendo à pergunta de como a radiônica obtém seus resultados, ela diz: "A cada dia descubro coisas novas, e creio que a chave do funcionamento da radiônica talvez esteja na comunicação. A energia e a inteligência consciente parecem andar juntas até no nível celular, e a explicação do que fazemos talvez esteja no restabelecimento da integridade das estruturas defeituosas, em qualquer nível que seja."

A sra. Dower, como a maioria dos praticantes, acredita que o sucesso da radiônica depende dos poderes do praticante, poderes esses que, curiosamente, nada têm que ver com a proximidade física em relação ao paciente e têm tudo que ver com as capacidades singulares da mente humana. Com efeito, a radiônica se distingue dos outros métodos de diagnóstico e tratamento pela sua capacidade de operar curas a distância.

Uma breve história da cura a distância

A técnica da radiônica, criada originalmente por dois californianos, teve uma história triste nos Estados Unidos. O dr. Albert Abrams, acendeu a centelha da radiônica na primeira década do século XX. Muitas vezes chamado de pai da radiônica, esse médico respeitadíssimo era diretor de medicina clínica na Universidade Leland Stanford. Suas pesquisas, que ele mesmo financiou, revelaram, entre outras coisas, que certas substâncias parecem neutralizar determinadas doenças — mais especificamente, que as radiações dessas substâncias contrapõem-se às radiações das doenças. Usando uma caixa preta de madeira, ele conseguia ainda detectar doenças antes que os sintomas físicos se manifestassem. Foi, assim, a primeira pessoa a praticar o diagnóstico a distância, sem nenhum vínculo visível ou palpável que o ligasse ao paciente. A intrigante história da obra do dr. Abrams está documentada em seu livro *New Concepts in Disease and Diagnosis* (vide bibliografia no final deste volume).

A dra. Ruth Drown, quiroprática no final da década de 1920, foi a segunda terapeuta a assumir abertamente a prática da radiônica. Depois de trabalhar para Abrams no começo daquela década, a dra. Drown aprendeu os métodos dele e passou a usar instrumentos criados por ele, os quais já então podiam ser encontrados em muitos países do mundo. Ela, por fim, chegou a desenvolver seus próprios instrumentos e, como Abrams, a obter muitos sucessos em seu trabalho de cura. Curou inclusive muitos casos de câncer, e talvez seja por isso que tenha sido perseguida. Depois de um julgamento, no qual aparentemente todas as cartas já estavam marcadas, ela foi condenada por fraude e mandada para a prisão.

Um contemporâneo seu observou que "ela vivia em contato com um sistema interior tremendamente complicado de harmônicos padronizados, um sistema auto-regulador de vibrações ressonantes". Atribuiu ainda sua queda ao fato de ter sido a primeira pessoa a desenvolver e aplicar a terapia a distância, que ela chamava de "radioterapia". Trabalhando com a testemunha de um paciente, ela não tinha nenhuma necessidade de ver a pessoa face a face. Além disso, foi a primeira a reconhecer a importância de se tratar as glândulas endócrinas e da fotografia radiônica. Convicta de que a energia do corpo da pessoa era a única corrente necessária para a análise, a seleção de medicamentos e o tratamento, ela não ligava nenhum de seus aparelhos na tomada.

Em virtude, sem dúvida, do poderoso e fechado *establishment* médico norte-americano, a tocha da radiônica cruzou o Atlântico e transferiu-se para a Inglaterra. Foi lá que George delaWarr, engenheiro e inventor, trabalhou para expandir essa dinâmica disciplina junto com sua mulher Marjorie, no laboratório deles, em Oxford. David V. Tansley, outro inglês, fez estudos sobre a influência das energias dos raios cósmicos. Falaremos sobre isso no Capítulo 10.

As histórias de Abrams, Drown, delaWarr, Tansley e outros pioneiros britânicos como o médico Guyon Richards e Malcolm Rae, inventor do Sistema Rae, estão bem documentadas em vários livros indicados na bibliografia apresentada no final deste livro. O *Report in Radionics*, de Edward W. Russell, é um excelente relato da história fascinante e tempestuosa do uso da radiônica não só na medicina, mas também na agricultura.

Hoje em dia, a Inglaterra continua a sancionar oficialmente a radiônica. Muitas pesquisas sobre essa ciência se fazem também na Rússia e na Índia. Nos Estados Unidos, onde ainda é forte a pressão política da Associação Médica Norte-Americana e dos grandes laboratórios farmacêuticos, a pesquisa e a prática da radiônica ainda existem, mas de maneira muito mais discreta do que em outras partes do mundo.

Os poderes da mente

A característica mais importante da prática da radiônica é, sem dúvida, o exercício dos poderes mentais divinamente inspirados que são nossos por direito natural. Todos nós temos essa capacidade, embora na maioria dos indivíduos ela permaneça oculta, subutilizada ou, o que é pior, seja deliberadamente negada. Na verdade, é a mente que permite que os praticantes de radiônica operem tratamentos a distância. Em *A Treatise on White Magic*, Alice Bailey explica como essas energias de cura podem ser utilizadas: "A necessidade de se perceber que o corpo etérico é vivificado e controlado pelo pensamento pode ser levada a seu pleno e mais ativo funcionamento. O [praticante] respira fundo, concentra-se em sua mente e lança de si a forma-pensamento."

Uma vez que o paciente expresse sua *intenção* de obter ajuda, o praticante aplica seu pensamento para estabelecer um vínculo energético pelo qual possam ser dirigidas as forças de cura. Esse padrão de contato é, às vezes, representado por um triângulo em cuja base estão o praticante (Pr) e o paciente (Pa) na sua forma física, separados por uma grande distância, e em cujo ápice, situado em outra dimensão, está o ponto em que ocorre a cura, que muitas vezes se segue imediatamente ao "contato" entre praticante e paciente.

Este aspecto da prática da radiônica é explicado como segue na contracapa do respeitado *Radionic Journal*, da Associação Britânica de Radiônica: "[A radiônica] é um método de cura a distância por meio de um instrumento e mediante o uso da faculdade de percepção extra-sensorial. Desta maneira, um praticante competente e treinado pode descobrir a causa de uma doença em qualquer sistema vivo, seja um ser humano, um animal, um vegetal ou o próprio solo. Energias terapêuticas adequadas podem então ser disponibilizadas para o paciente a fim de devolver-lhe a perfeita saúde."

Na verdade, o que é esse estado que chamamos de doença? Nas palavras do falecido médico George Starr-White, da Califórnia, cujos livros estavam pelo menos cinqüenta anos adiante do seu tempo: "Ao contrário da crença popular, e muito embora demos nomes à determinados tipos de doenças, só existe um estado de doença e um estado de saúde. Existe uma grande diferença entre os dois; e, se vivermos *com* a natureza em vez de viver *para* a natureza, poderemos em alguma medida superar essas doenças."

As pesquisas nos informam de que todos os seres vivos são compostos de luz e vibração. Quando algo interfere com a taxa de vibração rítmica de um organismo, as conseqüências se fazem sentir dentro dele. Essa dissonância, de um tipo ou de outro, é o que chamamos de "doença". Os navajo chamam-na de "desarmonia" — um termo muito mais preciso!

Só agora estamos começando a compreender algo que os índios norte-americanos sabem há séculos — que o pensamento é um dos principais fatores da harmonia. Em outras palavras, o pensamento é importante para o bem-estar. Os trabalhos de visualização preconizados por agentes de cura de meados do século XX, como O. Carl e Stephanie Simonton, bem como Shakti Gawain, já vêm demonstrando há anos o poder do pensamento. A conclusão dessas pessoas é a seguinte: *você é o que você pensa!* Com efeito, segundo o eminente físico britânico Sir James Jeans, o próprio universo é "semelhante a um grande pensamento". E nós também somos — talvez um pensamento holográfico!

> *Não acredite que a saúde possa ser dada ou conservada pelos médicos ou garantida pelos medicamentos. Se isso fosse verdade, todos os mortos estariam vivos.*
>
> — Sri Sathya Sai Baba

É no corpo etérico que os praticantes de radiônica concentram boa parte da sua atenção e do seu pensamento. Dirigindo sua atenção para esse corpo sutil, são capazes de detectar a desarmonia e, por meio do poder do pensamento, são capazes de tratá-la — tudo isso antes que ela se manifeste no nível físico grosseiro. Se essa técnica fosse praticada por muitos, quão enorme não seria o bem feito à humanidade!

Equipamento de apoio

A mente como um gerador permite que os praticantes de radiônica efetuem uma forma de diagnóstico e de tratamento energizada pelo pensamento. A maioria deles faz uso de formulários de análise e de certos instrumentos como veículos para a concentração do pensamento. Nas mãos de um praticante experimentado, todos esses veículos podem ser usados de modo criativo e eficaz. Vamos começar agora a conhecer os instrumentos usados para o diagnóstico e o tratamento; depois exploraremos os formulários mais usados para o diagnóstico.

Instrumentos

O instrumento básico da radiônica é uma variação da caixa preta de madeira de Albert Abrams. Ela permite que os praticantes concentrem e sustentem seu pensamento por meio da marcação de um potenciômetro. Em certo sentido, o instrumento *define* o pensamento que ele está medindo e serve de mecanismo de controle de qualidade para um determinado tratamento, que pode então ser reproduzido. Quando gira o potenciômetro até um determinado ponto, o praticante pode manter uma determinada concentração durante toda a duração do tratamento — tarefa que nossa "mente de macaco" não conseguiria jamais realizar por si só.

Para aumentar a eficácia do tratamento energizado pelo pensamento, o inglês Malcolm Rae, na década de 1960, desenvolveu uma caixa com um espaço para se inserir um cartão. O aparelho é chamado instrumento Mark III (vide figura 6-2). Criou também uma série de cartões de tratamento baseados nos padrões geométricos dos mais diversos fenômenos, desde uma certa bactéria até estados emocionais como o amor (vide figura 6-1). Os cartões de Rae são largamente utilizados pelos praticantes de radiônica da atualidade. O cartão pertinente, associado à taxa vibratória adequada do pensamento, define o tratamento a ser transmitido. Enquanto a marcação do potenciômetro sustenta no tempo a projeção de uma onda de pensamento, o padrão geométrico parece definir a qualidade de sua energia.

Formulários de diagnóstico

Para avaliar a desarmonia no corpo etérico, os praticantes de radiônica conduzem uma análise medindo o grau de desvio entre um estado perfeito e o estado imperfeito demonstrado por uma testemunha colocada sobre o formulário ou perto dele. Toda vez que um desvio é encontrado, ele é avaliado numericamente.

O formulário de diagnóstico britânico mostrado nas figuras 6-3 e 6-4 revela dois sistemas de medida diferentes. Para ambos é preciso empregar o pêndulo para que se obtenha uma leitura adequada das ondas energéticas do corpo etérico. Ambos também permitem a obtenção de um gráfico significativo que dá um "retrato" global do estado do paciente. Depois disso podem-se avaliar os detalhes individuais.

Um formulário de diagnóstico concebido pela dra. Hazel Parcells, do Novo México, EUA, baseia-se numa escala de 360° como limite de perfeição funcional — refletindo um equilíbrio de todos os elementos necessários para a energia vital — e de 120° como norma funcional ou nível de sustentação em outras áreas (ver figura 6-5). Cada leitura é avaliada em relação a outras leituras no formulário. Em última análi-

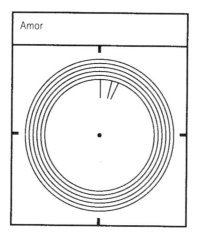

Figura 6-1 Cartão de Rae

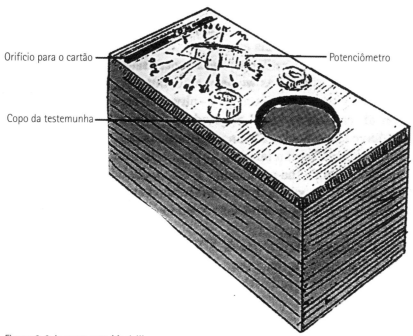

Figura 6-2 Instrumento Mark III

RADIÔNICA E RADIESTESIA

Nome: Idade: Data:

Endereço: Telefone:

Sintomas:

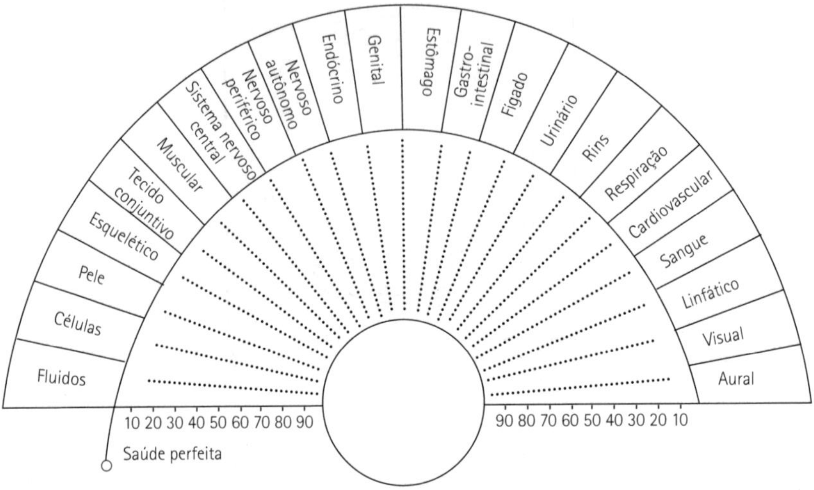

Sistema nervoso central · Nervoso periférico · Nervoso autônomo · Endócrino · Genital · Estômago · Gastro-intestinal · Fígado · Urinário · Rins · Respiração · Cardiovascular · Sangue · Linfático · Visual · Aural

Muscular · Tecido conjuntivo · Esquelético · Pele · Células · Fluidos

10 20 30 40 50 60 70 80 90   90 80 70 60 50 40 30 20 10

Saúde perfeita

Raios

Índice de vitalidade: Chakra do Baço: Índice de Saúde:

Transferências

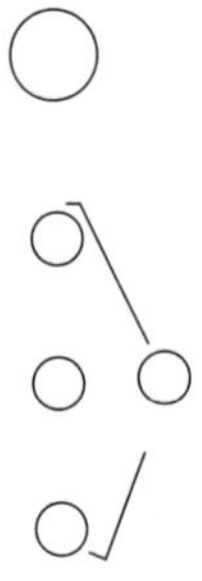

	Subativo										Normal	Superativo									
	100	90	80	70	60	50	40	30	20	10		10	20	30	40	50	60	70	80	90	100
Coroa																					
Fronte																					
Garganta																					
Coração																					
Plexo Solar																					
Sacro																					
Base																					

Congestão:	Miasmas:
Superestimulação:	Toxinas:
Falta de Coordenação:	

Tratamento Primário:

Reproduzido com a permissão de David Tansley

Figura 6-3 Formulário de Diagnóstico (Britânico)

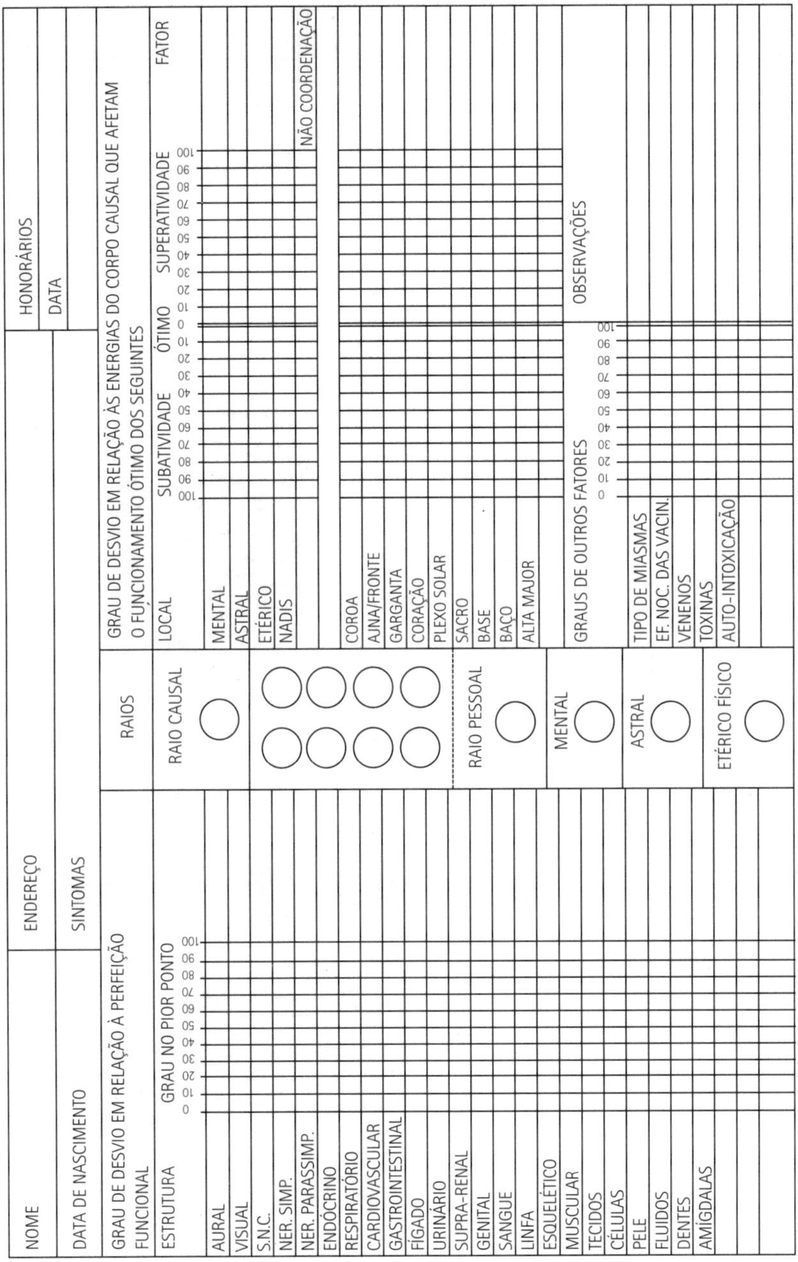

NOME

ENDEREÇO

HONORÁRIOS

DATA DE NASCIMENTO

SINTOMAS

DATA

GRAU DE DESVIO EM RELAÇÃO À PERFEIÇÃO FUNCIONAL

GRAU NO PIOR PONTO

0 10 20 30 40 50 60 70 80 90 100

RAIOS

RAIO CAUSAL

RAIO PESSOAL

MENTAL

ASTRAL

ETÉRICO FÍSICO

GRAU DE DESVIO EM RELAÇÃO ÀS ENERGIAS DO CORPO CAUSAL QUE AFETAM O FUNCIONAMENTO ÓTIMO DOS SEGUINTES

LOCAL	SUBATIVIDADE	ÓTIMO	SUPERATIVIDADE	FATOR / NÃO COORDENAÇÃO

SUBATIVIDADE: 100 90 80 70 60 50 40 30 20 10 0
SUPERATIVIDADE: 0 10 20 30 40 50 60 70 80 90 100

ESTRUTURA:
- AURAL
- VISUAL
- S.N.C.
- NER. SIMP.
- NER. PARASSIMP.
- ENDÓCRINO
- RESPIRATÓRIO
- CARDIOVASCULAR
- GASTROINTESTINAL
- FÍGADO
- URINÁRIO
- SUPRA-RENAL
- GENITAL
- SANGUE
- LINFA
- ESQUELÉTICO
- MUSCULAR
- TECIDOS
- CÉLULAS
- PELE
- FLUIDOS
- DENTES
- AMÍGDALAS

LOCAL:
- MENTAL
- ASTRAL
- ETÉRICO
- NADIS
- COROA
- AJNA/FRONTE
- GARGANTA
- CORAÇÃO
- PLEXO SOLAR
- SACRO
- BASE
- BAÇO
- ALTA MAJOR

GRAUS DE OUTROS FATORES

0 10 20 30 40 50 60 70 80 90 100

- TIPO DE MIASMAS
- EF. NOC. DAS VACIN.
- VENENOS
- TOXINAS
- AUTO-INTOXICAÇÃO

OBSERVAÇÕES

Reproduzido com a permissão da Magneto Geometric Applications

Figura 6-4 Formulário de Diagnóstico da Anatomia Sutil (Britânico)

Nome do Paciente   Endereço/Telefone

	Normais	Data	Data	Data	Nº da Data	Data	Data	Culturas	Data	Data	Data
A/A					1						
Energia Física					2						
Energia Etérica					3						
Açúcar no Sangue	80-120				4						
Lipídios (Total)	450-500				5						
Ácidos Graxos	190-450				6						
Colesterol	130-230				7						
Cálcio	9.5-11.0										
Sódio	310-345										
Cloreto de Sódio	450-500										
Potássio	16-22										
Magnésio	1-3										
Fósf. Inorgân.	3.7-5										
Energia Sangüínea Vermelha	140										
Energia Sangüínea Branca	135										
Hemoglobina	80-95·										
Proteínas (Total)	6.5-8.2										
Albumina	3.0-3.7										
Nitrogênio (Total)	3.0-3.7										
Ácido Úrico	2.0-3.5										
GLÂNDULAS											
Pineal	120										
Pituitária	120										
Lóbulo Anterior	120										
Lóbulo Posterior	120										
Parótida	120										
Órgãos linfáticos	120										
Tireóide	120										
Paratireóide	120										
Baço	120										
Timo	120										
Ovários	120										
Testículos	120										
Estrógeno	120										
Testosterona	120										
Orcitinum	120										
Progesterona	120										
Próstata	120										
Placenta	120										
Corpo Lúteo	120										
Supra-renal	120										
Córtex Adrenal	120										
Medula Adrenal	120										
PULMÕES											
Lobo Int. – E.	120										
Lob. Int. – D.	120										
Lob. Méd. – E.	120										
Lob. Méd. – D.	120										
Brônquios – E.	120										
Brônquios – D.	120										
Brônquios – Total	120										
Artéria Pulmonar	120										
Art. Bro. Pulm. E.	120										
Art. Bro. Pulm. D.	120										
Veia Pulm. U&L	120										

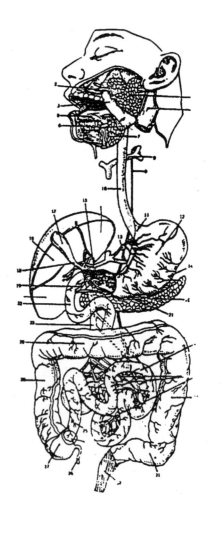

Figura 6-5 Formulário de Avaliação da dra. Parcells (Norte-Americano)

Observações

_____ <u>RIM</u>
_____ 1 _____ Cápsula
_____ 2 _____ Córtex
_____ 3 _____ Pirâmides
_____ 4 _____ Túbulos Renais
_____ 5 _____ Glomérulos de Malpighi
_____ 6 _____ Papilas Renais
_____ 7 _____ Medula
_____ 8 _____ Pelve
_____ 9 _____ Uretra
_____ 10 _____ Veia Renal
_____ 11 _____ Artéria Renal
_____ 12 _____ Hilo
_____ 13 _____ Cálice
_____ <u>BEXIGA E RINS</u>
_____ 10 _____ Orifício Uretral
_____ 11 _____ Uretra
_____ 12 _____ Abertura da Uretra
_____ 13 _____ Bexiga Urinária
_____ 14. _____ Uretra
_____ <u>ÓRGÃOS PÉLVICOS FEMININOS</u>
_____ 7. _____ Trompa de Falópio
_____ 8. _____ Fundo do Útero
_____ 9. _____ Parede Uterina
_____ 10. _____ Colo do Útero
_____ 11. _____ Vagina
_____ 19. _____ Trompa de Falópio
_____ 20. _____ Masovário
_____ 21. _____ Ovário Direito
_____ 22. _____ Ovário Esquerdo
_____ 23. _____ Fímbrias do Tubo Uterino
_____ <u>ÓRGÃOS PÉLVICOS MASCULINOS</u>
_____ 7. _____ Escroto
_____ 8. _____ Tegumento Interior dos
                                                            Testículos
_____ 9. _____ Testículo
_____ 14 _____ Glande do Pênis
_____ 15. _____ Uretra
_____ 16. _____ Músculo Bulbo-Cavernoso
_____ 17. _____ Corpo Cavernoso da Uretra
_____ 18. _____ Glândula de Cowper
_____ 19. _____ Corpo Cavernoso do Pênis
_____ 20. _____ Diafragma Urogenital
_____ 21. _____ Glândula Próstata
_____ 23. _____ Canal Deferente
_____ 24. _____ Orifício Uretral na Bexiga
_____ 26. _____ Ápice da Bexiga Urinária
_____ 27. _____ Entrada do Canal
                                                            Deferente
_____Circulação Venosa
_____Circulação Arterial

DATA	TRANSMISSÕES

Reproduzido com a permissão da dra. Hazel R. Parcells

se, as escalas matemáticas são as melhores para se analisar a situação do paciente, tanto para a avaliação precisa dos desvios em relação a um determinado critério quanto para comparações futuras.

Além de avaliar o estado do corpo etérico, os praticantes de radiônica examinam, pelo uso do pêndulo, certas enfermidades da personalidade que podem surgir nos corpos físico, astral e mental. Parece que nossa consciência não tem poder para ir além disso. Podemos tentar, como de hábito fazem os seres humanos, mas a eficácia de nossos esforços poderia ser questionada. Por quê? Porque, para além da personalidade, passamos a lidar com a natureza espiritual, que, em sua infinita sabedoria e desapego, tolera mas, em sua maior parte, vai contra muitas coisas que fazemos aqui nesta "escola terrena"!

Exercício de diagnóstico

Experimente fazer este exercício de diagnóstico para familiarizar-se com os princípios envolvidos no trabalho a distância. Quando se sentir à vontade com todo este processo, será capaz de prestar mais atenção às sutilezas vibratórias com as quais está trabalhando.

A cada passo do caminho, estará seguindo o formulário de diagnóstico de sua preferência e usando a radiestesia para encontrar as respostas. Perceberá que o diagnóstico a distância é diferente do tratamento a distância. Ao passo que o tratamento faz uso do instrumento radiônico, no diagnóstico pela radiestesia é o seu *corpo* que você usa como instrumento.

Pratique muitas vezes — consigo mesmo, com seus amigos, familiares e bichos de estimação. Quanto mais experiência você adquirir no diagnóstico pela radiônica, tanto maiores serão a sua compreensão e o número de técnicas que desenvolverá sozinho.

Materiais

Para fazer um exercício de diagnóstico você vai precisar de um espaço tranqüilo no qual possa trabalhar. Precisará também dos seguintes objetos:

- Um formulário de diagnóstico, um atlas ou diagramas de anatomia, listas de doenças e remédios e escalas radiestésicas.
- Um pêndulo.
- Um caderno sobre o qual possa colocar os materiais.

- Uma testemunha ou outros materiais que queira submeter à análise. Como dissemos no Capítulo 4, a testemunha pode ser uma mancha de sangue ou, de preferência, uma fotografia, uma mecha de cabelo, saliva, urina ou uma assinatura original. Deve-se etiquetá-la claramente, a lápis, com o nome da pessoa e a data. Pode-se usar também uma "testemunha verbal", desde que você obtenha permissão para isso; para tanto, escreva o nome da pessoa em letras de forma, grandes, sobre uma folha de papel branco.
- Uma mente lúcida e aberta.
- *Opcional:* papel preto para cobrir o espaço de trabalho e um pequeno ímã para limpar o espaço.

Procedimento
- Ponha à sua frente o formulário, as cartas anatômicas e os demais materiais. (Acredita-se que, se você cobrir seu espaço de trabalho com papel preto, impedirá a interferência de quaisquer radiações que não aquelas com as quais está trabalhando.) Concentre-se e purifique-se totalmente.
- Coloque a testemunha no seu espaço de trabalho — ou, melhor ainda, sobre o formulário, se ele tiver um espaço para a testemunha.
- Trabalhando com o pêndulo e o formulário, faça suas perguntas com cuidado e clareza. Se estiver usando o formulário ilustrado na figura 6-4, por exemplo, pergunte: "A leitura da aura está equilibrada (funcionalmente perfeita)?" Se a resposta for "não", pergunte qual o grau de desvio — 10? 20? 30? Etc. Registre no formulário suas descobertas e passe para a leitura do próximo item.
- Quando chegar às leituras dos corpos sutis, pergunte, por exemplo: "O corpo mental está funcionando da melhor maneira possível?" Se a resposta for "não", pergunte: "Está subativo?" "Superativo?" Pergunte então qual o grau de desvio — 10? 20? 30? Etc. Registre suas descobertas e proceda à leitura do próximo corpo sutil.

Para Ir Adiante
- Busque conhecer as relações entre as diversas funções dos chakras e os efeitos que estão se manifestando nos órgãos correspondentes. Em cada caso, pergunte pelo *estado fundamental* de cada chakra. Caso contrário, suas leituras sofrerão a influência de energias mais superficiais transmitidas por estados de humor, forças ambientais ou mesmo as fases da lua.

- Descubra quais são os raios que mais influenciam a pessoa e observe os efeitos deles sobre o organismo físico. (Vide no Capítulo 10 mais informações sobre os sete raios.)
- Verifique a presença ou ausência de *miasmas*. O *miasma* é definido por George Vithoulkas, MIH, em *The Science of Homeopathy*, como "uma predisposição a uma doença crônica que está por trás das manifestações agudas de doenças, (1) que é transmitida de uma geração a outra e (2) pode reagir beneficamente ao nosódio [remédio] correspondente, preparado quer de tecidos patológicos, quer do medicamento ou vacina apropriados".

  A explicação esotérica dos miasmas é a seguinte: quando encarnamos, assumimos uma parte da energia etérica da Terra para constituir nosso próprio veículo etérico, que pode então ser contaminado pela tuberculose, pelo câncer, pela sífilis ou por outras doenças sofridas por um grande número de pessoas doentes que morreram e estão enterradas debaixo do chão. Em outras palavras, a mancha da doença permanece dentro do corpo etérico da Terra e pode se manifestar a qualquer momento depois do nascimento de uma pessoa sob a forma de uma predisposição a essa doença.

  Os estados crônicos que não reagem a nenhum tipo de tratamento estão freqüentemente relacionados a miasmas. Por isso, um bom trabalho de investigação no começo do tratamento pode se mostrar valioso à medida que o tempo passa. Como disse David Tansley: "Na avaliação radiônica, pode-se obter mais êxito quando se tem um conhecimento prévio dos princípios homeopáticos dos miasmas."
- Verifique a presença ou a ausência de congestão, superestimulação ou falta de coordenação. Todos esses fatores podem ser indícios de um chakra desequilibrado.
- Determine quais são os venenos ambientais e as toxinas específicas que estão afetando a pessoa. Veja se ela não está sofrendo os efeitos do amálgama de mercúrio usado em obturações e de outros elementos metálicos, como alumínio e chumbo. A identificação do culpado é o primeiro passo para se encontrar as radiações neutralizadoras.

O futuro da cura a distância

Considerando tudo quanto sabemos acerca dos sistemas energéticos e das forças que regem o bem-estar humano, parece que, para que ocorra a verdadeira cura, o paciente tem de participar em certa medida do seu próprio tratamento. Além dos ajustes físicos, como a manipulação do esqueleto e as intervenções cirúrgicas, parece haver apenas duas outras maneiras de estimular um paciente a corrigir um desequilíbrio. A primeira consiste, por exemplo, em proporcionar no próprio local do distúrbio a energia necessária para remediá-lo — aplicando estímulos elétricos para cicatrizar fraturas ou usando outras formas de terapia eletromagnética. A segunda consiste em dar ao paciente *instruções codificadas para a autocura*.

Essas instruções codificadas fazem parte do domínio da radiônica e são introduzidas pela transmissão a distância do campo sutil das freqüências vibratórias do bem-estar. Essas energias — projetadas por meio de cartões de Rae ou marcações de potenciômetro, ou as duas coisas — modificam não somente os desequilíbrios como também as codificações que lhes deram origem, "lembrando" o cliente da sua capacidade inata de viver em harmonia.

Apesar de todo progresso e sucesso que conheceu depois dos dias de Albert Abrams e Ruth Drown, a arte da cura a distância ainda não é explicada pela ciência moderna. Conseqüentemente, pode ser que nunca venha a ser suficientemente "legitimizada" para atender às exigências da comunidade médica e científica. Provavelmente continuará dançando ao som da própria música; vai *cooperar* com as técnicas clássicas de cura, mas nunca *se tornará* uma delas. Caracterizada por uma mistura singular de conhecimento científico e esotérico, nunca será suficientemente empírica, mas será sempre efetivamente autêntica — o que talvez seja a melhor solução. Afinal de contas, o ser humano é um ser complexo, atrelado a mundos que estão além de sua compreensão. E a radiônica, junto com a radiestesia, que é o seu complemento, é um meio para se alcançar esses mundos e extrair deles as extraordinárias informações aí contidas para nós.

CAPÍTULO 7

Técnicas de Transmissão

A Projeção de Vibrações de Cura

Então, por um ato da vontade, que resulta numa expiração e é engendrado ou dinamicamente gerado no interlúdio de uma contemplação ou retenção da respiração, a forma criada é enviada para o mundo dos fenômenos...

— Alice A. Bailey

A FORÇA motriz que está por trás da radiônica é a transmissão — os meios pelos quais o pensamento é concentrado, energizado e enviado em seu caminho até atingir o alvo. A transmissão depende do controle da respiração e da capacidade de formular formas-pensamento ou padrões de projeção. Em outras palavras, o operador tem de ser capaz de concentrar-se e afilar seu pensamento. Para desenvolver essas capacidades, o melhor meio é a meditação.

Dos métodos de meditação conhecidos dos ocidentais, talvez o mais simples e mais eficaz seja a técnica de olhar para a chama de uma vela, técnica essa preconizada por Sri Sathya Sai Baba, um autoproclamado "avatar" — em sânscrito, "aquele que desce". Nessa técnica, a pessoa se concentra na chama de uma vela, voltando toda a sua mente para aquela luz. As instruções específicas para essa técnica serão apresentadas no apêndice deste livro. *Pranayama*, a disciplina yogue da respiração, também nos ajuda a concentrar energia nos padrões projetados. Dentre os padrões geométricos mais usados para projeção, podemos mencionar o Selo de Salomão e o Diamante Estático ilustrados no Capítulo 5, o desenho do Magnetron ilustrado na página 93 e representações de estruturas moleculares, cada qual com a sua própria configuração ondulatória.

Existem inúmeros instrumentos radiônicos para ajudar a mente a projetar vibrações de cura. O custo desses instrumentos é variado e depende de quantos e quais circuitos eles têm. Enquanto alguns aparelhos são muito simples, outros oferecem uma bateria de botões e mostradores sofisticados, como luzes piscantes, teclados estranhos e mostradores digitais.

> *Pelo uso de um instrumento, o pensamento pode ser estabilizado durante um período indefinidamente prolongado.*
>
> — Malcolm Rae

Falaremos a seguir de diversas técnicas de transmissão. Depois de experimentar algumas delas, talvez você sinta o desejo de desenvolver seus próprios métodos. Nesse caso, faça seus experimentos, treine e use livremente tudo quanto funcionar para *você*. Enquanto isso, registre tudo o que acontecer, para que, antes de "partir para outra", você saiba quais os fatores que lhe permitiram obter mais êxito. Lembre-se também que todos os pacientes — quer sejam pessoas, animais ou plantas — são sistemas energéticos singulares e não reagem todos da mesma maneira ao mesmo tratamento. Lembre-se também que as energias de um paciente mudam com o tempo, de modo que o que deu certo ontem pode não dar certo hoje. Sua tarefa consiste em verificar e *sempre verificar de novo* pela radiestesia qual é o estado da testemunha e o melhor tratamento, e depois readaptar seu espaço de trabalho de acordo com as informações obtidas.

Apresentamos a seguir uma amostra das técnicas de transmissão usadas hoje em dia. Algumas necessitam de instrumentos; outras de diagramas fáceis de se obter. No final do livro daremos os nomes dos fornecedores de todo esse equipamento e os endereços para que você obtenha mais informações sobre essas técnicas.

A transmissão por campos magnéticos

A transmissão por campos magnéticos é um método fácil e barato que conheci na década de 1970, quando comecei a trabalhar com um instrumento chamado Magnetron. Esse importantíssimo equipamento de transmissão consiste numa simples prancha magnética contendo um desenho (ver figura 7-1), sobre a qual o praticante põe aquilo que deseja transmitir. O Magnetron foi desenvolvido em 1977 pelo dr. Christopher Hills na University of the Trees, Santa Cruz, Califórnia.

Para implementar o método, o primeiro passo consiste em orientar o Magnetron para o norte de modo que o campo magnético da Terra possa energizar a transmissão. A luz solar direta ou uma luz elétrica de espectro total podem também aumentar a eficácia do instrumento.

Depois, usando-se uma fotografia como testemunha, os materiais a serem transmitidos, como vitaminas ou ervas, podem ser colocados sobre o próprio local do problema — na mandíbula se o problema é um dente inflamado, ou num tornozelo torcido, por exemplo. Se em vez de uma foto você decidir usar cabelo, saliva ou outra testemunha qualquer, identifique o local do problema num diagrama. Se usar um diagrama, coloque a testemunha no círculo central do Magnetron.

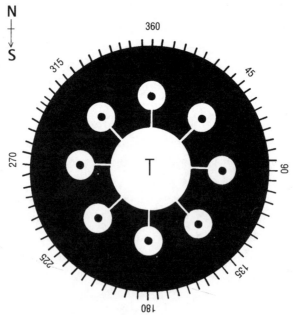

Reproduzido com a permissão da University of the Trees Press e de Christopher Hills

Figura 7-1 Magnetron

Em seguida, encontre a posição crítica de rotação (PCR) da testemunha. Para tanto, consulte o pêndulo e rode a testemunha até obter um forte balanço positivo, indicativo de uma orientação correta. A PCR foi descoberta pelo casal delaWarrs, que constataram que cada forma de matéria parece ter uma PCR própria e peculiar — uma posição que existe num campo magnético estável e emite radiações específicas. Encontrar a PCR de uma testemunha equivale a "sintonizar a transmissão".

O que deve ser transmitido? Isso depende das necessidades e da disponibilidade. Entre as possibilidades, podemos mencionar os Remédios Florais de Bach, pedras preciosas e semipreciosas, aromas, vitaminas ou minerais, remédios homeopáticos e sais celulares como o fosfato de sódio (um regulador do equilíbrio entre acidez e alcalinidade). Usando o pêndulo sobre a testemunha para obter informações mais específicas, você pode constatar, por exemplo, que o paciente precisa de hortelã para nutrir seu veículo etérico, erva-de-bicho para depurar o sangue ou pimenta-de-caiena para neutralizar as toxinas. Outra possibilidade é a água sanitária,* que, em virtude dos seus componentes químicos, ajuda a eliminar os venenos metálicos. A água sanitária parece oxidar os grupos sulfídricos livres — potenciais formadores de radicais — e transformá-los em dissulfetos que são inertes para formar radicais.

Outro elemento importante, que deve ser considerado em qualquer tipo de transmissão, é a cor. Quando comecei a fazer experimentos com transmissões simples, colocava gelatinas coloridas sobre a testemunha e deixava o conjunto sob a luz do sol direta. Depois substitui a gelatina por vidro de vitral (o mesmo usado nas antigas catedrais européias), que parecia conduzir a energia de modo mais uniforme, talvez em virtude da pequena porcentagem de ouro que faz parte da sua composição.

As próprias cores podem ser determinadas por radiestesia a partir de uma lista de cores ou uma figura do espectro luminoso. Deve-se buscar uma ressonância entre a testemunha e a cor. As cores podem ser usadas sozinhas ou combinadas e sua posição deve ser determinada pela leitura do pêndulo. Podem ser colocadas sobre a testemunha ou sobre o remédio, e deve-se verificar qual é a melhor orientação magnética. Para obter informações sobre as influências de cores específicas, leia o Capítulo 8.

Os materiais a serem transmitidos, colocados num recipiente de vidro transparente, devem em seguida ser posicionados sobre a testemunha

---

* Solução de 2,5% de hipoclorito de sódio. (N.T.)

ou, dentre os pequenos círculos que ficam na periferia da figura do Magnetron, sobre aquele que provocar um forte balanço positivo do pêndulo.

O tempo do tratamento também deve ser determinado pela radiestesia. Porém, no decorrer de todo o tratamento, os materiais transmitidos devem ser verificados periodicamente com o pêndulo e correspondentemente ajustados ou modificados a cada leitura. Se o pêndulo a qualquer momento indicar que a energia está baixa ou simplesmente não existe, substitua o conjunto (vide figura 7-2), concentrando-se cuidadosamente no seu procedimento.

Uma observação sobre o uso do vidro: Bata as peças de vidro ou raspe-as uma contra a outra para ativar a energia. Depois, deve-se verificar qual a orientação magnética adequada para o vidro. Um forte balanço positivo do pêndulo a cada passo do caminho lhe indicará que a energia de transmissão está ativa.

Sem o Magnetron, você pode efetuar uma transmissão por campo magnético colocando um ímã comum sobre o conjunto dos materiais de transmissão. No livro *The Science and the Art of the Pendulum,** Gabriele Blackburn admite ter usado um ímã de 500 gramas em forma de ferradura com força de atração de 25 quilos. Por maior que seja o seu ímã, volte sempre o pólo positivo para o norte.

Lembre-se que *não existem limites* para a sua criatividade, com exceção daqueles que você mesmo impõe. Use a transmissão por campo magnético, visando sempre ao bem maior, e prepare-se para testemunhar milagres!

Os métodos de Rae

A empresa britânica Magneto Geometric Applications oferece uma grande variedade de cartões de Rae e instrumentos de transmissão. O instrumento chamado Simulador de Potência Mark III, com lugar para um cartão e uma testemunha, mostrado na figura 6-2, na página 79, é especialmente útil para a transmissão da energia de uma pedra, de uma cor, de um floral de Bach ou de qualquer outra modalidade de tratamento que conste dos cartões de Rae. Com a testemunha no lugar que lhe cabe, você pode transmitir um floral Rescue, por exemplo, para alguém que sofreu um grande trauma ou sofrimento. Esses instrumentos podem ser ligados a outros instrumentos por cabos especiais a fim de operar em conjunto, aumentando assim a capacidade de

---

* *A Ciência e a Arte do Pêndulo*, publicado pela Ed. Pensamento, São Paulo, 1998.

TÉCNICAS DE TRANSMISSÃO

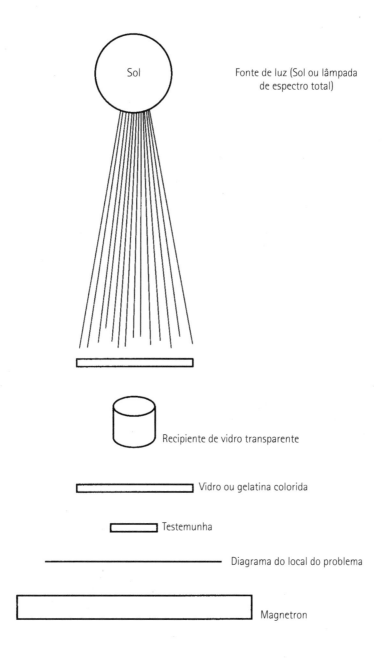

Figura 7-2 Seqüência de Posicionamento do Material para Transmissão

transmissão. Também os instrumentos de Rae feitos para serem usados com múltiplos cartões são extremamente úteis.

Além do instrumento, que ajuda a definir a forma-pensamento apropriada, Malcolm Rae criou um interruptor (vide figura 7-3) que, quando ligado numa tomada elétrica, produz uma pulsação elétrica rítmica que age como se "batesse na porta" do alvo. O interruptor aumenta o poder de transmissão porque a energia pulsante parece ser mais facilmente recebida do que sinais não-pulsados. O uso de cristais de quartzo carregados no copo do instrumento também pode intensificar ainda mais as freqüências.

Um instrumento de Rae para três ou quatro cartões também pode ser usado das mais diversas maneiras. Eis alguns exemplos:

Cartão I *E→	Cartão II *E→	Cartão III
1. Normalizar	Chakra da base	Rins
2. Thuja	Parótidas	Toxinas da caxumba
3. Violeta	Chakra da coroa	Cérebro

(T)

Cartão I	Cartão II	Cartão III	Cartão IV
1. Otimizar	Amor	Corpos M/A/E	Chakra do coração
2. Eliminar	Tensão emocional	Plexo solar astral	Chakra do plexo solar
3. Causticum	Carbonato de amônia	Lítio	Catarata imatura

(T)

Em todos os casos deve-se consultar o pêndulo para obter-se as marcações adequadas dos potenciômetros e as corretas colocações de cartões para cada testemunha. Como nesses aparelhos a energia — *E — caminha da esquerda para a direita, deixe sempre a fenda da esquerda vazia quando estiver trabalhando com dois cartões num instrumento para três cartões ou com três cartões num instrumento para quatro.

Os instrumentos para múltiplos cartões não só transmitem tratamentos a longas distâncias como também potenciam ou aumentam a eficácia dos remédios a serem administrados oralmente, muito embora essa função não esteja descrita na literatura clássica. Quando trabalhar com os métodos de Rae, use sua criatividade como faz com os outros métodos!

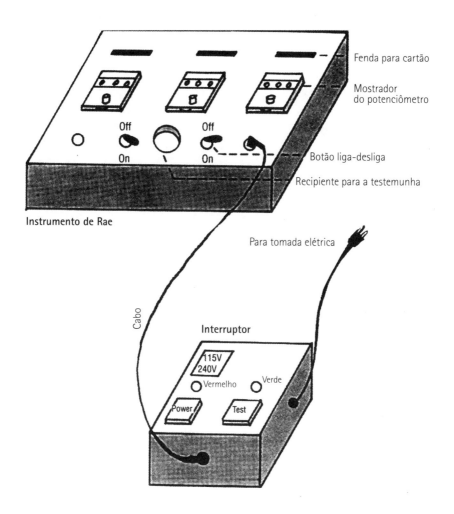

Figura 7-3 Instrumento de Rae para Três Cartões e Interruptor

A pirâmide como um instrumento radiônico

Desde os tempos antigos, o misterioso poder das pirâmides foi venerado e copiosamente estudado. Relatos documentais nos atestam que a energia das pirâmides era usada para reparar e curar o corpo, para converter a força das estrelas e dos planetas em energia, para mover objetos e para fazer manifestarem-se condições climáticas favoráveis à obtenção de boas colheitas. Há muitas eras, a energia de transmissão das pirâmides era freqüentemente associada às vibrações curativas de cristais multifacetados e das cores em geral; entretanto, é só agora que estamos nos lembrando de como combinar as cores com a transmissão pelas pirâmides para curar nosso corpo e enriquecer nossa vida.

Sabemos, por exemplo, que a base de 180° da pirâmide opera como uma catalisadora de energia, amplificando todas as coisas colocadas dentro da estrutura. Sabemos também, pelo que Pitágoras descobriu há mais de 2.500 anos, que toda energia é bipolar. Agora estamos descobrindo — ou talvez redescobrindo — que é possível fazer com que nossos desejos se manifestem colocando-se dentro da pirâmide duas cores e um pedido por escrito. As cores são escolhidas pela radiestesia e colocadas dentro de uma pirâmide especialmente projetada, revestida no interior de folha de cobre (um maravilhoso condutor de energia) e ligada por fios de cobre ao ponto central conhecido como câmara do rei.

Para cada pedido, uma das cores escolhidas é chamada cor sintomática e corresponde ao mundo exterior, ao passo que a outra é uma cor radical e representa um reflexo interior da situação desejada. A cor sintomática é colocada nos fios de cobre, no nível da câmara do rei; a cor radical é colocada abaixo daquela, sobre o tampo da mesa; o pedido escrito, junto com a testemunha, é colocado sob a cor radical. Em cima da cor radical podem-se colocar ainda ervas medicinais, óleos essenciais, pedras ou fotografias para aumentar a potência do pedido.

Quanto às próprias cores, diz-se que são correlacionadas às seguintes características:

Vermelho	Poder, força física
Rosa	Amor, auto-estima
Laranja	Realização de objetivos
Dourado	Dinheiro, segurança
Amarelo	Comunicação, amizade
Amarelo-esverdeado	Novas aventuras, novos inícios

Verde-escuro	Equilíbrio, harmonia, saúde
Azul-claro	Poder analítico, criatividade
Azul-escuro	Sabedoria na tomada de decisões
Violeta	Espiritualidade, intuição

Duas forças sempre dão origem a uma terceira. Por isso, quando as duas cores são colocadas dentro de uma pirâmide e a mente se concentra claramente no pedido escrito, milagres podem acontecer! Os resultados são meros sinais de que os teoremas de Pitágoras realmente funcionam.

Gail, educadora altamente qualificada, estava com dificuldade para arrumar um emprego na pequena cidade onde morava. Trinta e seis horas depois de começar a transmitir cores através de uma pirâmide que continha seu pedido, foi inesperadamente contatada por uma faculdade próxima, que pediu seu currículo. Logo depois, foi contratada.

Robert usa com freqüência uma pirâmide para pedir ao universo que lhe proporcione bons inquilinos para suas casas de aluguel. Às vezes, esses inquilinos aparecem ao cabo de algumas horas; outras vezes, só vêm depois de alguns dias ou semanas, mas Robert se diz satisfeito, pois sabe que o universo está buscando um inquilino perfeito para sua casa.

No geral, os bichos de estimação são extremamente sensíveis à transmissão de cores pela pirâmide. Jazmine, uma gata siamesa de quinze anos, doente de catarata, curou-se completamente depois de uma transmissão de cores.

Por que a transmissão de cores parece ter efeitos tão profundos? Porque todas as células do corpo ressoam com as cores do arco-íris e, por isso, podem ser instantaneamente revigoradas pelo estímulo externo da cor.

Fragrâncias curativas SS-Sanjeevini

As Fragrâncias Curativas Sanathana ("perpétua") Sai Sanjeevini (pronuncia-se *sanjiváni*) são um sistema de cura indiano baseado na oração, no qual se utilizam diagramas espirituais para converter uma substância em remédio, infundindo nela poderes divinos de cura. (Muito embora sejam chamados "fragrâncias" — uma vez que são preparadas num defumador de madeira —, os remédios Sanjeevini não são aromáticos.) Criadas a partir da filosofia vedântica hindu, essas soluções podem ser administradas a pessoas de qualquer idade e com qualquer doença: bebês com crupe, crianças machucadas e idosos fragilizados. São eficazes também para animais e vegetais. Na verdade, os remédios Sanjeevini podem ser transmitidos como vibrações para qualquer ser ou coisa no mundo inteiro "e fora dele". Nas palavras de Michael Blate, diretor-executivo do Instituto G-Jo: "Diz-se que todas as doenças são, em última análise, frutos de um desequilíbrio espiritual, [e que] a cura de todas elas é, em última análise, uma volta à harmonia espiritual."

O sistema de cura é baseado numa oração simples dirigida a Deus ou à inteligência criativa universal, ou numa afirmação. Sua vibração é então transferida para um diagrama sagrado, um *yantra* — o qual, segundo se diz, captura e controla a energia —, e depois para um veículo qualquer. Os diagramas podem ser copiados para uso pessoal; com efeito, afirma-se que as fotocópias são tão potentes quanto os originais. Em virtude da energia sutil contida nos diagramas, é conveniente, quando não estão em uso, mantê-los protegidos em pastas de plástico transparente.

A solução curativa pode ser preparada quer num vidro de remédios com conta-gotas, quer num recipiente plástico. Use qualquer veículo transmissor que lhe convenha: água, álcool medicinal, conhaque, *vibhuti* (cinzas sagradas manifestadas e benzidas por Sri Sathya Sai Baba na Índia), pílulas de açúcar, até uma sopa. Depois, transfira para o veículo as vibrações de cura do diagrama Sanjeevini apropriado: coloque o frasco sobre o diagrama e "carregue-o" por quinze segundos, oferecendo uma rápida oração, um *mantra* (cântico sagrado) ou uma afirmação. Segundo Sri Sathya Sai Baba, "para os que confiam no Divino Médico, *seu nome* é o medicamento que cura".

> *A oração é [um] tipo de magia mental que os especialistas em medicina energética recomendam há milhares de anos.*
>
> — Instituto G-Jo

A solução Sanjeevini, assim preparada, pode então ser transmitida e, caso se queira, neutralizada. Para transmitir a infusão a uma pessoa, animal ou vegetal doente, use os cartões de multiplicação e de transmissão mostrados na figura 7-4, colocando o veículo carregado no círculo onde se lê "amostra". Depois de escrever o nome do paciente num pedacinho de papel e colocá-lo no círculo "saída", dirija-lhe pensamentos de amor. A reação ocorrerá num período que varia de alguns minutos a alguns dias.

TÉCNICAS DE TRANSMISSÃO

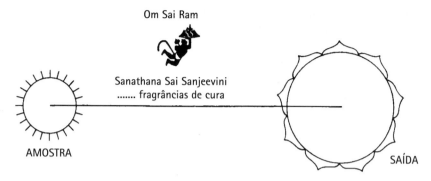

Figura 7-4 Cartão para a Multiplicação e a Transmissão de Sanjeevinis

Para neutralizar a solução curativa, simplesmente coloque-a no cartão de neutralização mostrado na figura 7-5, deixando-a ali por um minuto. Depois disso, o veículo pode ser reutilizado à vontade.

De acordo com esse sistema, as doenças precisam de remédios combinados para serem curadas. Por isso, convém transmitir uma das

Figura 7-5 Cartão de Neutralização Sanjeevini

54 combinações recomendadas pela Sanjeevini. Eis as instruções para a preparação de uma solução combinada:
- Identifique os sintomas a serem tratados e faça uma lista deles — por exemplo, um ferimento na perna com hematomas menores.
- Faça uma lista dos diagramas que quer utilizar. Neste caso, as melhores pedidas talvez sejam o Sanjeevini DS 71 (Ferimento), o Sanjeevini DS 68 (Infecção) e o Sanjeevini BPS 27 (Perna e Pé).
- Encha um frasco com um veículo transmissor qualquer, como água.

- Disponha o cartão intitulado "SS-Body Parts & Disease Sanjeevinis", que mostram os diagramas sagrados pertinentes.
- Coloque o frasco sobre cada um dos diagramas escolhidos — neste caso, DS 71, DS 68 e BPS 27, como mostra a figura 7-6 — por quinze segundos, oferecendo em todo o tempo uma oração ou repetindo obstinadamente uma afirmação. O veículo transmissor está agora "carregado" com os poderes curativos necessários e está pronto para ser transmitido.

O manual das Fragrâncias Curativas SS-Sanjeevini dá a lista de combinações para muitos problemas básicos. Para que seja mais fácil administrá-las, convém prepará-las sob a forma de líqüidos ou de pílulas e tê-las à mão como "amostras". Cada amostra pode ser usada en-

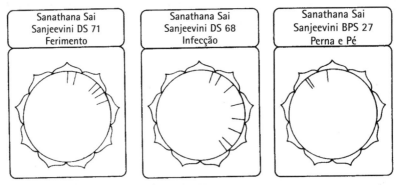

Figura 7-6 Diagramas de uma Combinação para Curar um Ferimento na Perna

tão para gerar novas soluções de cura. Para tanto, é preciso colocá-la no círculo marcado "amostra" no cartão de multiplicação e transmissão, deixar um frasco com veículo transmissor neutro no círculo "saída" e deixá-los lá por trinta segundos, oferecendo uma oração ou repetindo uma afirmação. O nosso veículo transmissor será carregado com as vibrações da amostra original.

Por exemplo, é bom ter à mão amostras individuais dos Sanjeevinis Shakthi (ligação pessoal com o poder de Deus) e Shanthi (paz interior), uma vez que a combinação dessas duas infusões é recomendada para o uso em muitas soluções de cura, qualquer que seja o problema em questão. Os Sanjeevinis Shakthi (DS 113) e Shanthi (DS 114) são benéficos porque a melhora ou o desenvolvimento dos atributos espirituais e mentais a eles associados é muitas vezes um fator que ativa a cura (vide figura 7-7).

Para obter os cartões e diagramas sagrados da Sanjeevini, bem como outros equipamentos mencionados neste capítulo, vide os endereços arrolados no último capítulo. Quanto mais você trabalhar com este sistema de transmissão, tanto mais há de convencer-se de que a oração remove montanhas!

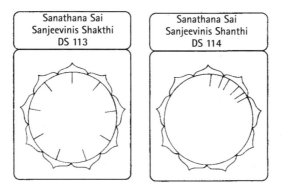

Figura 7-7 Diagramas dos Sanjeevinis Shakthi e Shanthi

Técnicas de transmissão usadas na agricultura

Como os seres humanos e os animais, as plantas também reagem bem a um tratamento por transmissão. Embora os seres humanos tenham um grau de atividade maior, mais entrada e saída de energia e, pelo que sabemos, um nível mais elevado de consciência do que os vegetais, estes são compostos dos mesmos elementos que nós somos — a saber, os elementos encontrados na crosta terrestre e na atmosfera. O dr. C. J. Bose, da Índia, e mais tarde Cleve Backster, dos Estados Unidos, provaram que as plantas reagem a uma grande variedade de estímulos enviados a distância. Marcel Vogel, outro norte-americano, chegou a demonstrar um contato telepático com seu filodendro de um lugar situado do outro lado do Atlântico!

Quando emprego a radiônica com vegetais, geralmente uso uma folha como testemunha. Certa vez, ao tratar um arbusto ornamental que não estava indo muito bem, coloquei uma folha num instrumento de dois copos e fiz a transmissão para devolver a saúde à planta, que de fato manifestou globalmente uma maior vitalidade. O motivo dessa transformação é explicado pela descoberta de Harold Saxon Burr, descrita no Capítulo 1: a modificação de qualquer *parte* de um campo organizacional modifica o *todo*. A amostra usada como testemunha era, em outras palavras, uma parte do campo-mãe.

Os pesticidas naturais também podem ser transmitidos a grandes distâncias. No todo, trabalhar com vegetais é um desafio maravilhoso, que nos abre muitas possibilidades de expressão criativa.

Um olhar sobre a agricultura apoiada pela radiônica

Na década de 1930, quando a ciência da radiônica estava mexendo com a consciência cultural e estimulando novos pensamentos acerca da saúde e do bem-estar, despertou-se o interesse por suas possíveis aplicações à agricultura. Logo depois, métodos radiônicos já estavam sendo testados em grandes problemas agrícolas — pragas, doenças e ervas daninhas procedentes da monocultura.

Na mesma época, a tecnologia agrícola estava começando a inundar o mercado de pesticidas, herbicidas e fertilizantes químicos. As soluções faziam-se drasticamente necessárias porque a agricultura estava começando a ficar competitiva; os agricultores que colhessem mais em menos tempo eram os que recebiam mais por seus produtos.

No fim, constatou-se, de fato, que os projetos de base radiônica tiveram resultados impressionantes. Na verdade, esses projetos ainda existiriam hoje se as aplicações radiônicas tivessem sido aceitas pelas comunidades científica e do marketing. Mas, em vez disso, a radiônica foi classificada como algo inexplicável, misterioso e, até mesmo, perigoso. Os estudos foram suprimidos e a agricultura comercial optou por uma dependência total em relação ao manejo químico do solo e das plantas.

Hoje em dia, a radiônica está sendo novamente aplicada à agricultura. Nos últimos quinze anos, aumentou significativamente o interesse pela compreensão dos campos sutis e da força vital do solo e dos vegetais — isto é, dos alimentos que ingerimos. Um dos motivos disso é que a preocupação pelos danos ambientais provocados pelo manejo químico fez surgir diversos movimentos ecológicos. A maioria deles defende a adoção de práticas sustentáveis para diminuir os graves desequilíbrios causados pela agricultura química. Por causa disso, hoje há lavradores que fazem a rotação sazonal dos campos e integram em sua prática outros projetos que podem lhes render algum dinheiro. É assim que a agricultura orgânica vem conquistando seu espaço e despertando um apreço pelas qualidades naturais dos frutos que *não* foram tratados quimicamente.

Foi nesse contexto que surgiu uma base mais estável para as pesquisas sobre o uso da radiônica na agricultura. Em vez de tentar resolver os problemas criados pelas práticas agrícolas anteriores, os praticantes de radiônica estão ajudando os agricultores a atender às necessidades do solo e das plantações. A sintonização radiônica já provou que é capaz de aumentar imensamente a qualidade e a vitalidade dos vegetais e a produtividade agrícola em geral. Por quê? Ora, porque põe de novo em ordem o campo sutil, diminuindo a tensão ambiental e permitindo que as plantas cresçam mais depressa.

Para aumentar ao máximo o poder de ressonância dos campos, os pesquisadores da Little Farm Research (LFR), de Pleasant Grove, estado de Utah, EUA, só lançam ao solo pequenas quantidades de suplementos naturais e adubo composto. Na LFR, um pé de alface leva tipicamente 21 dias para chegar ao ponto de colheita. As plantações de *mesclun* — uma alface híbrida — são cortadas três vezes nas cinco a seis semanas que elas levam para crescer, e cerca de sete quilos por metro quadrado são colhidos a cada seis semanas no decorrer de toda a estação de plantio. Na LFR, a estação de plantio para a alface leva de 35 a quarenta semanas; quando a procura está em alta, cinco plantios são feitos de forma rotativa em cada horta de seis metros quadrados, produzindo até 170 quilos de alface! Um plantio tão intenso não seria possível se não fosse pelo apoio da radiônica.

A LFR, juntamente com os Laboratórios delaWarr, está desenvolvendo agora um currículo de quatro níveis para formar especialistas em agricultura apoiada pela radiônica. Os pesquisadores de lá contemplam um futuro promissor para essa abordagem, uma vez que, além de garantir uma colheita excelente, ela torna o ambiente sadio para os agricultores. Ensina-os a observar o solo e as plantas, a compreender as leis naturais e a obedecer à sua própria intuição do equilíbrio e da ordem. Vemos assim que a transmissão radiônica nos convida a voltar a uma modalidade mais natural de agricultura e horticultura.

O SE-5, analisador de espectro de biocampo
(*Biofield Spectrum Analyzer*), e o SE-5 Plus

Um dos instrumentos radiônicos mais empolgantes que podem ser usados pelos agricultores e horticultores é o SE-5 (vide figura 7-8). Do tamanho de um livro comum, ele funciona com uma bateria de 9 volts ou pode ser ligado na tomada.

Este instrumento, que incorpora tudo o que a radiônica tem de mais avançado, é dotado de capacidades notáveis. Operando nos níveis sutis do biocampo, pode ser usado para analisar testemunhas ou amostras, transmitir padrões energéticos sutis e estimular ou potenciar remédios homeopáticos. Além de funcionar em todas as freqüências padrão, como as definidas por Kelly, Drown e delaWarr, pode procurar freqüências novas com o toque de um botão; o operador simplesmente programa a taxa desejada no pequeno computador do aparelho. Além disso, o SE-5 pode transmitir freqüências num modo seqüencial automático — programa nunca antes disponível num aparelho radiônico.

A operação do SE-5 é bastante simples. Primeiro, o praticante escolhe um programa. Se escolhe o programa de jardinagem, por exemplo, pode então analisar as sementes e o solo; as energias que estiverem faltando, como por exemplo o nitrogênio (num caso hipotético), poderão então ser transmitidas.

No nível sutil, podem ser examinados a vitalidade, os estados dos corpos sutis e dos chakras, agentes patogênicos, as energias dos sistemas orgânicos e dos órgãos e até mesmo hábitos psicológicos. Os pro-

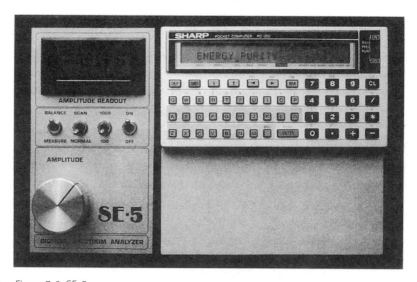

Figura 7-8 SE-5

gramas podem ser usados de maneira manual ou automática e as freqüências podem ser transmitidas por um tempo prescrito definido pelo próprio praticante.

O SE-5 Plus, versão mais avançada e dotada de um computador maior, economiza tempo e é ainda mais conveniente. Como todos os instrumentos radiônicos, porém, o SE-5 concentra as forças da mente e, a certa altura da carreira do praticante, há de tornar-se desnecessário.

Rumo ao futuro com a pranamônica

A primeira pergunta é também a última: é bastante curta, bastante simples, e não obstante é a pergunta mais importante que qualquer pessoa poderia fazer, quer para si mesma, quer para outros. Essa pergunta é: "O que é a consciência?" Todo aquele que buscar diligentemente a resposta em todos os seus níveis há de encontrar-se, no fim, na presença da própria consciência universal que chamamos de Deus.

— Paul Brunton

A pranamônica, método de transmissão completamente diferente, é uma nova terapia. Seu nome combina *prana*, alento vital ou, na terminologia ocidental, energia da força vital, com *mônica*, expressão da harmonia da dança cósmica da respiração que anima todas as formas de vida desde a Origem. A pranamônica foi criada a partir de todo o trabalho, a inspiração e a criatividade que entraram na ciência da radiônica. Como a maioria das crianças, porém, assumiu sua própria energia, seu propósito e sua missão.

A pranamônica é classificada como um sistema de cura espiritual — com uma ênfase nesta última palavra. O *espírito*, tal como é definido pela sabedoria esotérica, é o sopro vital, a causa de toda manifestação; está além até mesmo da consciência. E, segundo a pranamônica, a verdadeira saúde é um estado de harmonia entre o espírito e a matéria na qual reside.

É mediante o encontro entre o espírito e a matéria que temos acesso à alma. E a pranamônica sabe que temos acesso à alma por meio da mente. Por isso, esse sistema de cura busca tratar simultaneamente o corpo, a mente e o espírito.

Uma das características que distinguem a pranamônica é a importância que ela atribui à mente, vista como uma ponte entre o espírito e a matéria. O primeiro papel da mente é o de receber impressões através dos cinco sentidos e discernir e discriminar no nível horizontal. Seu papel mais elevado — o trabalho da mente superior — é o de reagir às impressões que emanam do mundo espiritual. É este aspecto da mente que é levado em conta na pranamônica.

Na verdade, a pranamônica não é tanto uma terapia de cura quanto uma re-harmonização da correspondência entre todos os planos da existência do ser em questão. Afirmando a unidade essencial do corpo, da mente e do espírito, ela busca restaurar a lembrança da Origem e a sua perfeita dança cósmica. Isso porque é só no processo de restabelecer a harmonia entre o manifesto e o não-manifesto que uma cura física perceptível pode acontecer.

O desenvolvimento dessa terapia espiritual tem sido trabalhoso e, às vezes, difícil. Tivemos de identificar, dominar e testar novos parâmetros até garantir a sua eficácia energética. Para tanto, três grandes clínicas de tratamento têm trabalhado com uma média de duzentos a quatrocentos pacientes, entre seres humanos, cães, gatos e cavalos. A essa altura, os pesquisadores já têm certeza de que a extraordinária alquimia envolvida na re-harmonização do corpo, da mente e do espírito de fato tem efeitos curativos benéficos sobre o organismo físico.

C A P Í T U L O   8

A Transmissão de Princípios Curativos

Cromoterapia, Aromaterapia, Litoterapia e Essências Florais

"Chegou a hora", disse a morsa, "de falarmos de muitas coisas..."

— Lewis Carroll

NO CAPÍTULO 7, falamos sobre *como* se deve efetuar a transmissão, com todas as variações que são possíveis. Agora veremos *o que* devemos transmitir. Na verdade, inúmeros princípios curativos se prestam aos métodos de projeção radiônica; abaixo só descrevemos alguns. Em cada caso, o pêndulo pode ser utilizado para determinar as marcações dos potenciômetros, a escolha de medicamentos, a hora da transmissão e o modo de colocação do material.

Cromoterapia

O uso curativo das cores, chamado de cromoterapia, nasceu entre os primeiros seres humanos, que passavam muito tempo ao ar livre e sob o sol. Suas pinturas rupestres, freqüentemente vazadas em matizes vibrantes, refletem um conhecimento das propriedades curativas da cor. Quando a humanidade se tornou mais complexa, as civilizações construíram templos — locais especiais de cura e regeneração — onde os sacerdotes aplicavam várias tinturas e pigmentos como princípios curativos. Está claro que os povos antigos percebiam que, assim como determinadas ervas tinham efeitos específicos, o mesmo acontecia com as cores.

As ruínas dos templos de pedra, como as cavernas de épocas anteriores, dão testemunho do esclarecimento humano em lugares como o Egito e a Grécia, onde se sabia que as cores, correlacionadas aos sons e números, exerciam uma poderosa influência curativa. No mundo antigo, certas pessoas escreveram especificamente sobre o trabalho com a cromoterapia. Heródoto, por exemplo, fala do uso da luz do sol como tratamento para as doenças de pele, e Aristóteles escreveu um livro intitulado *On Color* [*Sobre as Cores*].

E não só no Mediterrâneo se praticava a cromoterapia. Por toda a península de Yucatã foram construídos templos vermelhos e centros cerimoniais pintados em ocre com toques de azul, os quais confirmam que também nas Américas se reconheciam certos princípios do uso das cores. No Extremo Oriente, os chineses acreditavam que a cor estimulava o bem-estar físico, mental e espiritual. Os antigos chineses usavam pano vermelho para cobrir o que chamavam de "caixas de varíola". Evidentemente, a cor funcionava como um filtro para a luz — propriedade revelada séculos depois, em 1832, quando se descobriu que a luz parecia inibir o progresso da varíola. Na verdade, relatou-se que muitos doentes de varíola que permaneciam enrolados em cobertores vermelhos se recuperavam sem ficar com as marcas da doença.

Já no século XIX, pesquisadores ocidentais faziam experimentos com os efeitos da cor sobre os estados psicológicos. De lá para cá, aumentou muito nossa compreensão da influência da cor sobre todos os níveis de cura — e, com isso, aumentou também a nossa capacidade de trabalhar a distância com os diversos raios luminosos.

O mistério da criação

No princípio eram as trevas. Então o Criador disse: "Haja luz", e houve luz... e então falou sobre as águas, e as águas se moveram. Isso nos ensina o Livro do Gênesis. O que ele descreve não é outra coisa senão a essência e o mistério da criação — a saber, que todas as coisas visíveis e invisíveis neste planeta nascem da luz. Na figura 8-1 mostramos outra maneira de diagramar esse mistério.

Os raios cósmicos, os raios gama, os raios X e os raios ultravioleta constituem o domínio invisível da luz. À medida que a vibração da luz se torna mais lenta, podemos perceber o arco-íris de luz visível que chamamos de espectro cromático. Tornando-se mais lenta, a energia se torna também mais densa à medida que passa pelo espaço, produzindo primeiro os sons inaudíveis e depois os audíveis. Ainda mais

A TRANSMISSÃO DE PRINCÍPIOS CURATIVOS 109

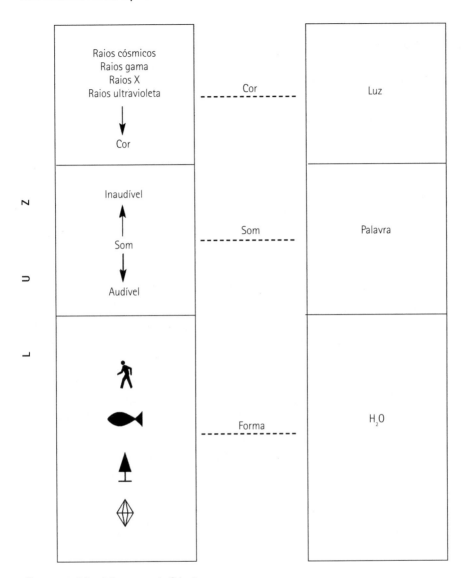

Figura 8-1 O Desdobramento da Criação

lenta e mais densa, cria o mundo da matéria tal como o conhecemos — seres humanos, animais, vegetais e minerais.

Em outras palavras, tudo quanto existe é luz que vibra em freqüências ligeiramente diferentes. A cor é a luz visível. As orações e os pensamentos são sons inaudíveis. O ser humano é composto de mais de 90% de água.

Quando queremos criar, podemos manifestar nossos sonhos usando as mesmas fórmulas usadas pelo nosso Criador:

Luz + Som = Água
Cor + Pensamento = Gente (Coisas)

Antes de o nosso veículo físico ser concebido, nossa essência era cor e som. Com efeito, sem esses dois fenômenos não pode haver forma. Com eles, porém — sobretudo quando as energias da cor e do som são utilizadas de maneira harmônica — é fácil fazer com que nossos desejos se manifestem sobre o plano físico.

O trabalho com os raios coloridos

Embora a cromoterapia seja largamente empregada na Europa, os norte-americanos tendem a zombar da cor como modalidade de cura. Mesmo assim, a cor é aplicada terapeuticamente no projeto de decoração de certas instituições penais e escolas norte-americanas. Por quê? Em virtude dos benefícios psicológicos que ela nos dá. Demonstrou-se, por exemplo, que o azul-claro tem efeito calmante. É por isso que certos berçários de maternidade hoje aplicam "luz azul" sobre os bebês com alto nível de bilirrubina, que pode causar lesões cerebrais.

As pesquisas do dr. John Ortt sobre a iluminação de espectro total também vêm sendo cada vez mais aceitas, especialmente em residências e escritórios. Hoje já é possível comprar lâmpadas de espectro total — devido, sem dúvida, aos seus efeitos marcadamente positivos sobre os sintomas associados à falta de luz que caracteriza os invernos nas zonas temperadas.

O Espectro Cromático. Para se ver as cores, um dos melhores instrumentos é um prisma, e foi isso que Isaac Newton fez em 1666. Um raio de sol que passa por um prisma se refrata em raios de luz colorida. Esses raios são vistos nas cores violeta, anil, azul, verde, amarelo, laranja e vermelho — os raios VIBGYOR* mencionados em muitos textos —, cada uma das quais corresponde, segundo se diz, a um dos se-

---

* VIBGYOR — *Violet, Indigo, Blue, Green, Yellow, Orange, Red* ("violeta, anil, azul, verde, amarelo, laranja, vermelho") — é um nome que se dá nos círculos da Nova Era ao espectro luminoso visível. (N.T.)

te chakras principais. Esse espectro visível produzido pela luz do sol pode ser reproduzido pela luz artificial, desde que esta tenha o mesmo conteúdo ondulatório.

O VIBGYOR, porém, representa somente uma porção infinitesimal das vibrações que emanam de uma fonte de luz. Os outros raios, embora sejam rápidos demais para serem visíveis, ainda transmitem energia, mesmo através de um prisma.

Quando estamos ao ar livre, ficamos expostos aos raios de luz cósmicos e também aos raios visíveis que compõem o espectro cromático. A cor em si mesma, porém, é uma ilusão. O que percebemos como cor são somente ondas de energia criadas pela luz que brilha sobre um objeto; o que vemos como variações de cor são os graus segundo os quais o objeto absorveu a luz. Há muitos anos, um amigo cientista me mostrou certas pesquisas sobre as cores das asas do beija-flor. Lembro-me de como fiquei decepcionada quando soube que aquelas penas não tinham cor nenhuma. Foi como se eu descobrisse que Papai Noel não existe!

Curiosamente, quando uma pessoa é incapaz de ver certas cores através de um prisma, é porque seu organismo está sofrendo de uma carência temporária dessas ondas energéticas e precisa ser exposto a elas. Nesses casos, a cura se dá pela cromoterapia — quer pela exposição direta à luz colorida, quer pela transmissão radiônica. Para este último método, a melhor matriz é o vidro dos vitrais antigos, que tem em sua composição um pouco de ouro, o qual parece altamente capaz de conter e conduzir a energia cromática; mas existem outros tipos de vidro e de gelatinas coloridas que também são eficazes, e o mesmo se pode dizer da larga gama de tonalidades disponíveis sob a forma de cartões de Rae. Infelizmente, é difícil encontrar o vidro colorido feito à moda antiga nos Estados Unidos. Na Europa, por outro lado, é um produto de fácil aquisição.

"Chakra Chips" ou Placas para os Chakras. As pesquisas mais recentes motivaram a criação dos "Chakra Chips" — peças de vidro de vitral, com aproximadamente sete por sete centímetros, cujas cores e formas correspondem às dos sete chakras principais. Se a pessoa deita-se sobre as placas dispostas numa cama, seu corpo pode absorver as vibrações cromáticas de que precisa. Nesse processo, ele se nutre rapidamente nos níveis físico, metabólico, emocional, mental e espiritual. As placas também podem ser usadas para a transmissão radiônica, especialmente por meio de um instrumento radiônico como o SE-5.

Podemos mencionar um caso particularmente fascinante de uso dos "Chakra Chips". Uma clarividente de quase sessenta anos tinha muitos problemas de saúde, entre os quais problemas de audição e visão. Quando se deitou e teve as placas colocadas sobre o seu corpo, relaxou e começou a ter fortes sensações. No começo, sentiu que energias bloqueadas estavam se soltando, especialmente nas regiões da garganta e dos olhos. Depois, um cheiro fétido saído do seu ouvido esquerdo encheu a sala. O cheiro foi identificado como uma emanação das anestesias que ela tinha tomado desde os sete anos de idade, quando fez uma tonsilectomia; depois disso ainda fizera diversas outras cirurgias e dera à luz cinco filhos. Quando o cheiro passou, sua audição melhorou.

Em seguida, outro odor desagradável encheu a sala, saindo dessa vez da pele da paciente. Ela fez esforço para identificar o cheiro e de repente relacionou-o com uma substância que sua mãe usava, cinqüenta anos antes, para dar brilho aos assoalhos de madeira da casa onde moravam. Como a substância era "venenosa", as crianças não podiam brincar nas salas tratadas por 24 horas — período que, evidentemente, não era suficiente para que o ar se purificasse das toxinas. Depois de liberar *esse* odor, a visão da mulher melhorou.

Os animais de estimação também reagem bem ao uso dos Chakras Chips. Se as cores forem colocadas ao lado deles enquanto estiverem dormindo, eles poderão absorver os raios de que necessitam. O animal superativo se acalma e o letárgico se energiza.

De certo modo, a cor, como um líqüido, busca sempre o nível apropriado. Vai para onde é necessária e preenche os espaços vazios.

A Ação das Cores. A cromoterapia intensifica a energia no nível celular, e o faz de duas maneiras. Age pelo organismo físico por meio de projeções de cor sobre o corpo, banhos de cor, respiração de cores e bebidas e alimentos coloridos; age também por meio do despertar da consciência. Com efeito, Rudolf Steiner recomendou métodos que agem sobre a consciência, e não sobre as doenças. E de fato a cor dirigida sobre a consciência melhora as funções físicas e o bem-estar emocional e mental, equilibrando e harmonizando todo o sistema. As reações à cor em nível celular são tão notáveis nos reinos animal e vegetal quanto entre os seres humanos.

Quando transmitimos cores para estimular a mudança num organismo, projetamos os ritmos vibratórios de tons ou combinações especiais, como verde e vermelho para estimular a imunidade e azul e violeta para diminuir a dor. Quando se termina um tratamento com a cor verde, as energias freqüentemente se equilibram e se harmonizam. As pesquisas mostram que as cores mais poderosas para a cura são o azul, o verde e o laranja (que combina as ações do amarelo e do vermelho).

Segundo Corinne Heline, especialista esotérica em cores, estas podem ser classificadas como suavizantes, estimulantes ou curativas, como mostra a tabela a seguir.

Ação	Físico (Emocional)	Mental	Espiritual
Suavizante	azul-cinzento-claro	verde-oliva	verde-azulado
	azul do segundo raio	azul-celeste	a azul-arroxeado
Estimulante	vermelho-claro	violeta a	roxo
	laranja	violeta	carmim*
	amarelo	avermelhado	
Curativa	alfazema	cor-de-rosa	rosa-arroxeado
	verde	verde-dourado	carmim
		alfazema	dourado

*O carmim (também conhecido atualmente como magenta), cor do chakra transpessoal, deve ser usado com cuidado, pois essa cor altamente espiritualizada não é adequada para todos.

A escolha das cores varia segundo o problema do paciente. Uma terapeuta, conhecida minha, começa os tratamentos para dor de garganta com a cor azul, para acalmar e suavizar; depois passa para o vermelho a fim de estimular o processo de cura; e termina com azul ou cor de alfazema para equilibrar o tratamento e ativar o chakra da garganta. Como sempre, a duração do tratamento e a escolha de cores devem ser verificadas periodicamente por meio do pêndulo, uma vez que as influências podem mudar à medida que o tratamento avança.

As propriedades fundamentais de cada uma das cores são as seguintes:

Vermelho	Estimula a circulação, o coração e a produção de hemoglobina; aumenta a vitalidade; diminui as inflamações e as dores; acidifica a urina
Laranja	Auxilia a função pulmonar; alivia a asma e os problemas respiratórios em geral; melhora a digestão; estimula a absorção de cálcio; intensifica a ação das ondas verde-claro
Amarelo	Limpa, purifica e vivifica; estimula o sistema nervoso; aumenta o fluxo de bile; reduz os inchaços; é antiácida (amarelo-limão); estimula o intestino
Verde	Cura e harmoniza; auxilia a função hepática; aumenta a vitalidade quando absorvida através dos olhos; estimula a hipófise quando assimilada pelos sistemas endócrino e linfático; é germicida
Azul	Reduz as inflamações e a hiperatividade em geral; diminui a febre e a tensão; energiza a força vital; esfria; é um antídoto contra a diarréia; alivia os males nervosos; tem efeito depressivo
Anil	Diminui a febre e os problemas de pele; esfria
Violeta	Suaviza e equilibra a energia; dissolve os desacordos; deprime as funções motora e cardíaca; estimula o baço; estimula devaneios
Azul/Violeta	Alivia a dor
Verde/Vermelho	Aumenta a imunidade
Dourado	É o comprimento de onda original do cérebro; aumenta a paz interior e equilibra a mente
Cor-de-Rosa	Desperta a compaixão e o amor

Cor	Gema	Aroma	Nota Musical	Efeitos Possíveis
Violeta	Safira	Cravo Menta	Si	Calmante, purificante
Anil	Diamante	Bálsamo Lavanda	Lá	Sedativo, aumenta o autocontrole
Azul	Pedra-da-Lua	Lilás Ervilha-de-cheiro	Sol	Curativo, suavizante
Verde	Esmeralda	Almíscar Narciso	Fá	Equilibrante, relaxante, curativo
Amarelo	Coral	Jasmim Íris	Mi	Promove a atividade mental e o equilíbrio nervoso; laxante
Laranja	Pérola	Baunilha Amêndoa	Ré	Age como fortificante, laxante
Vermelho	Rubi	Gerânio Sândalo	Dó	Estimulante, vitalizante

Figura 8-2 Correspondências entre Cores, Gemas, Aromas e Sons

Para intensificar ainda mais a ação das cores curativas, elas podem ser transmitidas junto com padrões geométricos ou com as correspondentes gemas, aromas ou notas musicais. Essas correspondências são mostradas na figura 8-2.

O uso da cor no tratamento dos males e enfermidades dos seres humanos é extremamente simples e seus benefícios são amplos. Posto que desprezada ou rejeitada pelos médicos ortodoxos, a cromoterapia já demonstrou que pode substituir medicamentos caros e que têm muitos efeitos colaterais. O melhor de tudo é que a cromoterapia pode ser usada por qualquer pessoa, uma vez que o espectro visível é um patrimônio da natureza, comum a todos os seres humanos. O uso dessas energias cromáticas nos aproximaria muito da realização efetiva da harmonia e do bem-estar.

Aromaterapia

A aromaterapia age sobre os corpos sutis por meio das moléculas aromáticas. Além de ser altamente agradável aos sentidos, pode ter profundos efeitos de cura.

Os óleos essenciais da aromaterapia, também chamados *attars*, são etericamente compostos para produzir vibrações que ativem os processos curativos do corpo. Em mãos hábeis, essas substâncias aromáticas celestiais podem também ajudar a corrigir desequilíbrios nos corpos mental, emocional e espiritual. Como disse certa vez Hakim Moinuddin Chishti, os aromas são "medicina para a alma".

A arte curativa da aromaterapia já é praticada há mais de dois mil anos, e foi criada por médicos como Hipócrates. As referências aos óleos encontram-se também na Torá, na Bíblia cristã e no Alcorão. O uso dos aromas parece ter atingido seu auge nas ordens místicas do Islã, bem antes do final do século I d.C.* Certa vez, o Profeta Mohammed disse que o perfume era uma das três coisas de que mais gostava no mundo. Seus preferidos eram os perfumes de almíscar, rosa e violeta.

A palavra *attar*, do árabe através do persa, significa "fragrância, odor ou essência". E como são deliciosos alguns desses aromas! Meus favoritos são os de rosa e jasmim da Tunísia.

O uso de attars para combater males físicos foi documentado no clássico *Canon of Medicine* [*Cânone de Medicina*] do grande médico persa Avicenna, que também desenvolveu o método de produção de óleos puros pela destilação do vapor. Em seu trabalho como médico, Avicenna atribuía às flores determinados valores baseados em seus temperamentos específicos. Esses valores o ajudavam então a escolher os óleos florais mais eficazes para tratar os desequilíbrios nos humores de seus pacientes.

Na Europa, a aromaterapia só surgiu de fato há mais ou menos sessenta anos, quando o francês René Maurice Gattefossé, químico de cosméticos, percebeu que os óleos essenciais tinham um efeito sobre a pele. Descobriu também que diversos óleos tinham efeito bactericida.

---

* Assim no original. Todos sabem que o Islã só apareceu com Mohammed, no século VII d.C. (N.T.)

Pesquisas mais recentes realizadas na União Soviética revelaram que um determinado óleo de eucalipto pode combater um tipo de vírus da gripe.

Durante a década de 1950, dois respeitados aromaterapeutas europeus, Marguerite Maury e o dr. Jean Valnet, escreveram livros sobre o trabalho que realizavam. Maury integrava os óleos em sua abordagem holística, ao passo que Valnet os administrava oralmente, à maneira convencional dos médicos.

Hoje em dia, a prática da aromaterapia é comum na Europa. A aromaterapia também é usada no mundo inteiro pelos místicos muçulmanos chamados sufis. Usando os attars para o crescimento da alma, os sufis associam cada um deles a uma estação ou estágio da alma em sua caminhada pela Terra — ou seja, usam attars específicos para tratar não só os desequilíbrios físicos como também os espirituais. As estações dos sufis, em ordem ascendente, são as seguintes:

Ego
Coração
Puro Espírito
Segredos Divinos
Proximidade de Deus
União com Deus

Quando Deus criou o universo, disse que a primeira coisa criada seria o Espírito da Profecia, e que o mesmo seria feito do Absoluto de Sua Própria Luz, e chamou-o "Nur"... O Espírito da Profecia tinha uma tal natureza luminosa e ardente que começou a transpirar. Da transpiração do Espírito da Profecia, Deus fez a alma da rosa. Foi nesse lugar e nesse momento que se originaram a arte e a ciência da aromaterapia.

— Hakim Moinuddin Chishti

Apresentamos a seguir uma tabela dos óleos essenciais mais usados e dos seus efeitos de harmonização. Compreenda que, para entender de fato esse antigo sistema, é altamente recomendado o estudo intensivo com um mestre competente — dos quais há poucos no mundo ocidental.

Os attars podem ser aplicados topicamente em quantidades diminutas ou podem ser transmitidos pela radiônica. Quando são armazenados, devem ser protegidos da luz, do calor e do ar. Devem ser guardados de preferência em frascos cor de âmbar.

Almíscar	Alivia problemas do coração e problemas sexuais
Âmbar (o pai de todos os aromas; ligado ao estado de proximidade com Deus)	Alivia as doenças associadas ao coração; topicamente, estimula a glândula pineal
Amêndoa doce	É um estimulante leve e serve como veículo para outros óleos; ajuda a pôr em movimento os nutrientes sob a pele; pode proteger contra o câncer
Incenso	Purifica a aura
Jasmim	Melhora o humor e diminui a depressão
Mirra	Cura
Rosa (a mãe de todos os aromas; associada ao estado de união com Deus)	Purifica e eleva os corpos físico, emocional e espiritual
Sândalo	Colabora com a prática meditativa e espiritual; aquieta o ego; acalma as energias sexuais
Violeta	Tem ação curativa suave

As gemas como remédios

Há muitas décadas que os Bhattacharya de Naihati, na Índia, estudam as gemas (pedras preciosas e semipreciosas e outras essências minerais), escrevem sobre elas e transmitem seus efeitos terapêuticos para clientes em diversos lugares do mundo. Edgar Cayce, o médium de Virginia Beach, costumava recomendar o uso de gemas em suas "leituras"; o lápis-lazúli, por exemplo, era recomendado para dar vitalidade e força. Exceção feita às leituras de Cayce, porém, o uso curativo das vibrações das gemas era muito raro no mundo ocidental até há pouco tempo. Só agora estamos aprendendo a conhecer seus poderes curativos.

> *Dos cinco reinos, o dos cristais é o mais concentrado. Podemos manipular a forma vital se nos aproximarmos dele com respeito. As formas físicas dos cristais são apenas uma pequena parte do seu ser, assim como a nossa forma é uma pequena parte do nosso ser.*
>
> — Allachaquora

Os remédios feitos com gemas têm aplicação oral ou tópica sob a forma de tinturas. Nesse caso, tendem a ser um pouco mais potentes e de ação mais rápida do que as essências florais, descritas mais adiante. As pedras também podem ser usadas nas roupas ou de preferência encostadas na pele. Além disso, certos praticantes recomendam que se coloque uma gema em água pura e depois se beba a água. Assim, são absorvidas as vibrações da pedra. A administração adequada de remédios minerais depende das necessidades individuais. Por isso, não deixe de examinar cada cliente pela radiestesia antes de lhe recomendar esta ou aquela terapia.

As energias das gemas também podem ser transmitidas a distância. Na ausência de um remédio preparado, você pode simular a essência da pedra escolhida por meio de um instrumento como o Mark III. Também existem cartões de Rae para uma ampla variedade de jóias.

Dou a seguir uma lista das gemas mais conhecidas e de seus efeitos:

Água-marinha	Dissolve todas as congestões do nível etérico para cima
Ametista	Eleva os pensamentos e desejos pessoais para o nível universal
Diamante	Estimula intensamente a harmonia entre a vontade pessoal e a vontade divina. (Use com cuidado.)
Esmeralda	Equilibra; sintoniza com a força vital; torna lúcida a tomada de decisões; aumenta a clarividência e a clariaudiência
Ouro	Estimula a expansão e o calor; veicula a essência da energia solar
Pedra-da-Lua	·Aumenta o entendimento; veicula a essência da energia lunar
Prata	Esfria; promove a reflexão; veicula a essência da energia lunar
Rubi	Promove a expansão; aumenta a vitalidade; melhora a circulação no corpo etérico; promove o equilíbrio térmico
Safira	Estimula a transmutação dos antigos hábitos em todos os níveis; aumenta o otimismo
Topázio	Desfaz as obstruções etéricas; intensifica a concentração mental nas comunicações; ajuda a aliviar a depressão espiritual
Turquesa	Equilibra as emoções; alivia a tensão e remove os obstáculos ao fluxo rítmico

A figura 8-3 mostra as principais gemas numa carta radiestésica que pode ser usada com o pêndulo. Como sempre, comece colocando a testemunha no lugar indicado.

Essências florais

Estes produtos, entre os quais se incluem as respeitadas essências florais de Bach, são hoje conhecidos pela maioria dos agentes de saúde. São altamente eficazes e podem ser transmitidos, tomados por via oral ou aplicados topicamente. Também podem ser usados para o tratamento de animais e plantas.

As essências originais de Bach foram desenvolvidas na década de 1930 pelo dr. Edward Bach, um médico britânico. Suas atividades na

A TRANSMISSÃO DE PRINCÍPIOS CURATIVOS

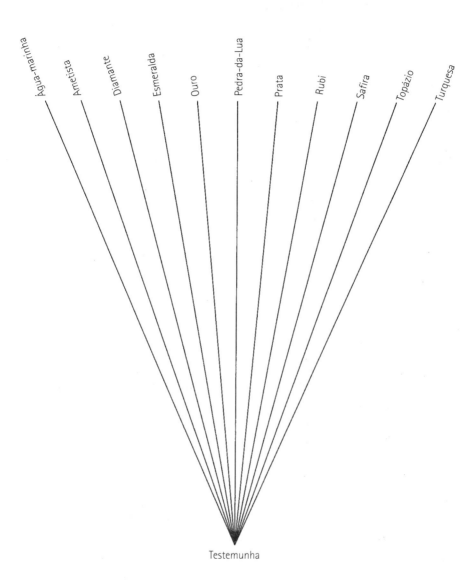

Figura 8-3 Carta de Gemas

medicina não o satisfaziam; por isso, ele se voltou para a homeopatia, uma disciplina que vê o paciente como o fator mais importante na determinação da cura. Com o tempo, o dr. Bach voltou-se para a natureza e para o reino vegetal a fim de encontrar remédios de ação rápida que devolvessem a esperança e a paz de espírito aos doentes e moribundos.

> *Bach baseia seu diagnóstico na lei da alma, um princípio causal superior...*
>
> — Mechtild Scheffer

O poder desencadeado pelas essências florais é entendido como a própria energia vital inalterável. Liberando esse poder, elas agem sobre as emoções, os estados mentais e até as crenças. Os Florais de Bach parecem agir sobretudo sobre as emoções; os de Bailey, também preparados na Inglaterra, dirigem-se mais às crenças e atitudes. Segundo muitos praticantes, os florais norte-americanos oferecem uma ampla variedade de opções de cura. As afirmações desenvolvidas pelos pesquisadores da North American Flower Essence acrescentam uma dimensão importante a essa terapia.

Enquanto algumas essências têm por alvo doenças específicas, outras influenciam o indivíduo como um todo. Por isso, os estudiosos sérios têm de conhecer as diversas essências e saber como elas trabalham, tanto isoladamente quanto combinadas umas com as outras. As 38 essências de Bach, por exemplo, têm por alvos os seguintes estados: medo, pouco interesse pelas circunstâncias atuais, solidão, excesso de sensibilidade a sugestões e influências, desespero ou desânimo doentio e excesso de preocupação com o bem-estar dos outros. Bach desenvolveu também uma combinação de cinco remédios chamada Rescue Remedy — um elemento maravilhoso para ser acrescentado a uma maleta de primeiros socorros. Sempre levo comigo um pequeno frasco de Rescue Remedy, tanto para os meus cachorros quanto para mim mesma.

Atualmente, existem tantas empresas que produzem florais de excelente qualidade que, muitas vezes, convém usar o pêndulo para determinar a opção correta para um determinado paciente. A Centurgee's Flower Essence Pharmacy, a North American Flower Essence, a Pegasus Products, a Perelandra e outras oferecem produtos fáceis de se encontrar nos Estados Unidos. O mesmo se pode dizer das essências de Bach e Bailey na Inglaterra e, na Austrália, das Australian Bush Flower Essences, cujos produtos, usados há muito tempo pelos aborígenes, são considerados poderosos e de ação muito rápida. Para fazer encomendas diretamente a essas empresas, escreva para os endereços arrolados no capítulo de Referências.

Ísis Sem Véu nos diz que os sons e as cores são números espirituais; mas, além disso, os aromas, metais e planetas também o são. Cada planeta (ou plano espiritual) tem relação com um metal e uma cor. Estes, por sua vez, têm relação com um som e um odor. A esfera da aura que rodeia cada ser humano tem uma dobra ou camada muito importante que leva invariavelmente a cor do metal e do planeta com os quais aquele indivíduo tem mais afinidade; e é sobre essa parte que age o fator magnético dos aromas e das vibrações sonoras.

— The Theosophist, vol. 7

C A P Í T U L O 9

Medicina Energética

A Homeopatia e os Sais Celulares de Schüssler

O campo eletromagnético do corpo humano pode ser considerado o seu "plano dinâmico" — um plano de inconcebível complexidade que, não obstante, obedece a leis e princípios baseados nos conceitos eletromagnéticos de ressonância, harmonia, reforço e interferência. Essas leis e princípios são, portanto, as bases da nova medicina energética.

— George Vithoulkas

A MEDICINA ENERGÉTICA influencia a química e a estrutura de um organismo à medida que interage com ele em um ou mais níveis sutis. Cura à medida que estimula e fortalece o próprio mecanismo de força vital do corpo, por meio de materiais escolhidos pelas suas propriedades energizantes. Seu objetivo é o de mudar o ambiente interno do corpo, atentando para o que o organismo está fazendo e tentando auxiliá-lo em sua tarefa. Um remédio homeopático bem escolhido ou um sal celular de Schüssler, também chamado sal tissular, pode alcançar efetivamente esse objetivo equilibrando os campos eletromagnéticos do corpo e eliminando assim a causa do distúrbio. Em virtude das características energéticas dos materiais homeopáticos e dos sais celulares, o operador de radiônica encontrará neles parceiros quase perfeitos.

Remédios homeopáticos

Quando o dr. Hahnemann formulou o conceito da homeopatia, deu ao mundo um sistema terapêutico extremamente eficaz, que resistiu incrivelmente bem à prova do tempo.

— Malcolm Rae

Os remédios homeopáticos geralmente são derivados de produtos animais, vegetais ou minerais. São administrados em doses mínimas — diluições preparadas por meio de um processo tradicional e comprovado de potenciação ou dinamização. As potências homeopáticas, que são a energia latente nos remédios, se expressam geralmente por meio da escala decimal (designada pela letra x) ou centesimal (indicada por um C). As regras de dosagem são determinadas pela Lei dos Semelhantes, que reza que, quanto maior a semelhança entre os sintomas do paciente e o padrão de sintomas produzidos por um determinado medicamento, tanto maior será a diluição ou a dose necessária.

As potências maiores do que mil (1M ou mais), em virtude da possível força de seus efeitos, só devem ser prescritas por um médico homeopata. Já as potências mais baixas, entre 6x e 30x, podem ser administradas com segurança por praticantes menos experientes. Na figura 9-1 apresentamos uma carta com a qual se pode usar o pêndulo para determinar as potências.

Para ser eficaz, o remédio homeopático tem de se harmonizar com o nível de suscetibilidade do paciente. Pode então produzir a cura, estimulando a força vital e as defesas do organismo. Quando corretamente administrado, esse remédio não terá efeitos colaterais. Porém, graças aos potentes materiais energéticos contidos nos remédios homeopáticos, eles só devem ser transmitidos com *conhecimento* das indicações e doses recomendadas e *respeito* por elas.

Os homeopatas procuram fazer uma imagem *global* dos sintomas e sinais — físicos, mentais e emocionais —, nem todos os quais representam os esforços do corpo para se curar. Depois de cuidadosa reflexão, o praticante escolherá um remédio que em sua forma bruta produz sintomas e sinais semelhantes. Para que a energia do remédio escolhido estimule o potencial de autocura do organismo, tem de estar em ressonância energética com o paciente. Para verificar se a ressonância existe ou não, você pode usar o pêndulo para tentar identificar um raio harmônico entre a testemunha e o remédio.

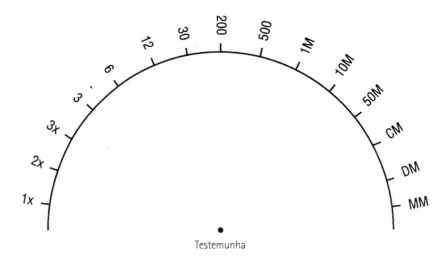

Figura 9-1 Carta de Potências Homeopáticas

A palavra *homeopatia*, criada em 1826, vem de *homeo*, que significa "semelhante", e *pathos*, que significa "sofrimento". O princípio básico da medicina homeopática — "o semelhante cura o semelhante" — faz com que os homeopatas prescrevam remédios que produzem efeitos semelhantes aos das doenças, cooperando assim com as defesas do corpo. Muitas vezes, o sucesso do tratamento é imediato e retumbante.

> *Uma vez que os medicamentos alopáticos nunca são escolhidos de acordo com a Lei dos Semelhantes, eles inevitavelmente sobrepõem ao organismo uma nova doença, desta vez causada pelo próprio medicamento, que o organismo tem de então lutar para curar.*
>
> — Dr. Samuel Hahnemann

Os praticantes de radiônica e radiestesia, já conhecedores dos efeitos das freqüências de vibração sobre os vários desequilíbrios doentios, encaixam-se sem problema algum no paradigma homeopático. Com efeito, o preparador de potência Mark III de Malcolm Rae, representado na figura 6-2 e internacionalmente aprovado, é capaz de simular remédios homeopáticos e é entregue junto com mais de 2.000 cartões de remédios. Um modelo desse instrumento com dois copos, também fácil de se obter, pode ser usado para produzir um "clone" ou uma duplicata de um remédio já preparado, embora a preparação do remédio em si não dure mais do que seis a dez minutos. O melhor de tudo é que esses instrumentos portáteis são excepcionalmente eficazes para transmitir remédios homeopáticos e provocar a cura a distância.

Uma das muitas características singulares da homeopatia é a sua capacidade de agir como antídoto contra os efeitos devastadores de certos medicamentos alopáticos, especialmente os presentes nas vacinas. Conquanto a prática da vacinação seja muitas vezes associada à Lei dos Semelhantes, ela não obedece à insistência da homeopatia de que os remédios sejam cuidadosamente selecionados com base nos sinais e sintomas apresentados pelo indivíduo. Muito pelo contrário, a vacinação é a administração de uma substância estranha a *todos* sem distinção, independentemente do seu estado de saúde ou de sua sensibilidade individual. Essa prática indiscriminada criou uma doença chamada "vacinose", a qual a tal ponto se vê associada a determinadas doenças crônicas que já foi até incorporada a alguns formulários de diagnóstico pela radiônica.

A vacinação, como quaisquer microorganismos invasores, muda as vibrações e o equilíbrio eletromagnético do organismo. Dependendo da constituição física do indivíduo, os sintomas podem se manifestar anos depois, ou não; quando se manifestam, nem sempre sua relação com as vacinas é identificada. Os problemas também podem surgir quase de imediato, como nas reações das crianças à vacina contra a coqueluche e a epidemia da síndrome de Guillan-Barré, um distúrbio neurológico que surgiu na esteira da campanha de vacinação contra a gripe suína, promovida pelo governo norte-americano em meados da década de 1970.

Já se constataram casos de vacinose depois da aplicação de vacinas contra a varíola, a raiva, o sarampo, a poliomielite, a gripe, as febres tifóide e paratifóide e o tétano. A vacina antitetânica também é suspeita de causar distúrbios neuromusculares em adultos.

Ao preparar-se para administrar um tratamento homeopático contra a vacinose, o praticante deve procurar um remédio de vibração semelhante para neutralizar o microorganismo invasor ou a toxina da doença. O remédio *Variolinum*, por exemplo, pode neutralizar a vacinose da vacina antivariólica. Além disso, administrar um remédio para a vacinose de tétano ou tuberculose, que têm a mesma freqüência, pode ser equivalente a se cometer um "duplo assassinato".

A eficácia da terapia homeopática se deve sobretudo ao fato de ela dar apoio à própria força vital do corpo. Com efeito, há décadas que a família real inglesa confia sua saúde aos cuidados dessa medicina energética. Diz-se que a rainha Elizabeth II nunca viaja sem uma surrada caixinha de primeiros socorros na qual leva um grande estoque de remédios homeopáticos para si e para sua família.

Para ser um excelente homeopata clássico são necessários anos de estudo e de prática. Uma formação médica, porém, não é necessária e pode até ser prejudicial. Muitos países permitem que homeopatas leigos cliniquem em pé de igualdade com os médicos oficiais.

> *A saúde geral da população humana está deteriorando, quer por causa do emprego de terapias alopáticas, quer apesar dele.... Continuo afirmando que nossa saúde está sendo afetada pela disseminação dos medicamentos alopáticos.*

> — George Vithoulkas

Os remédios homeopáticos arrolados a seguir são os que geralmente se recomendam para a formação de uma farmácia doméstica e podem ser adquiridos em conjunto de qualquer fornecedor. Saiba que cada um desses remédios tem muitas aplicações além das indicadas aqui. Se você está interessado em trabalhar com homeopatia, não deixe de investir seu dinheiro num conjunto de remédios, numa *Matéria Médica* homeopática e no *Repertório* de J. T. Kent, junto com outros livros de referência selecionados. No capítulo de Referências, no final do livro, damos uma lista de fontes de informação a respeito de homeopatia e de fornecedores de produtos homeopáticos.

Aconitum napellus (Acônito)	Para trauma de *medo*, inquietude, pânico ou uma combinação dos três; dor e choque causados por um objeto estranho no olho; febre, pele seca e sede intensa associadas a resfriados que começam *subitamente*.
Apis mellifica (Abelha comum)	Para picadas, queimaduras de sol ou urticária; pele irritada e com prurido, cor-de-rosa forte, inchada e quente.

Arnica montana (Arnica)	Para dores associadas a traumas mentais e físicos; fraturas doloridas; hematomas; dores musculares; efeitos do choque. *Um versátil princípio ativo de cura.*
Arsenicum album (Arsênico branco)	Para males gastrointestinais, vômitos ou diarréia causada por intoxicação alimentar; erupção cutânea de *aparecimento súbito* que melhora com o calor.
Belladonna (Beladona)	Para resfriados de *aparecimento súbito* com dor de garganta, febre alta, sudorese facial, congestão e vasos sangüíneos latejantes.
Bryonia (Flores de lúpulo)	Para o mal-estar depois de comer demais; ferimentos que doem intensamente com o movimento.
Calendula officinalis (Calêndula)	Para cortes, raspaduras, sangramentos menores ou queimadura de sol. Também é usada em forma de pomada, tintura e loção. *Grande princípio ativo de cura.*
Carbo vegetabilis (Carvão vegetal)	Para problemas digestivos; distensão da parte superior do abdômen; flatulência depois do consumo de vinho e alimentos gordurosos.
Chamomilla (Camomila)	Para o alívio da dor e da irritabilidade em crianças cujos dentes estão nascendo.
Cocculus indicus (Joio da Índia)	Para enjôo de viagem com náuseas e tonturas; insônia devida à tensão.
Coffe cruda (Café cru, não torrado)	Para insônia e inquietude devidas à exaustão ou à excitabilidade; desaceleração da atividade nervosa e vascular.
Hypericum (Erva-de-são-joão)	Para trauma com dor no nervo depois da extração de um dente, dedo esmagado ou calafrios; dores agravadas pela pressão ou pelo movimento.

Ipecacuanha (Raiz de ipeca)	Para náusea e vômitos persistentes; diarréia; hipersalivação com a língua limpa e sem camada superficial.
Ledum palustre (Chá-do-pântano)	Para acidentes com perfuração da pele, olho roxo, cortes ou picadas; alivia dores agudas, especialmente quando as partes afetadas estão frias.
Nux vomica (Noz-vômica)	Para as doenças provocadas pela vida moderna, como o mal-estar de se comer ou beber demais. *O melhor dos remédios policrestos* (cujos sintomas são, em sua maioria, semelhantes aos de diversas doenças comuns).
Rhus toxicodendron (Hera venenosa)	Para ligamentos e tendões rompidos perto das articulações, especialmente quando melhoram com o movimento.
Ruta graveolens (Arruda)	Para tendões rompidos e distendidos, ossos batidos ou distensão muscular, particularmente quando melhoram com o movimento; vista cansada.
Sepia (Secreção da siba)	Para problemas menstruais e da menopausa, como acessos de calor.
Sulphur (Enxofre sublimado)	Para impedir a gripe de se desenvolver em demasia; diminui a duração e a severidade dos sintomas da gripe.
Symphytum officinalis (Confrei)	Para ferimentos nos olhos ou nas faces, redução da dor das fraturas ou para curar um osso depois de uma pancada no rosto.
Thuja occidentalis (Tuia)	Para verrugas comuns; urinação freqüente e súbita; algumas reações adversas da vacinação, particularmente em cães.
Veratrum album (Heléboro branco)	Para diarréia volumosa com cólicas, suor frio e indisposição geral; vômitos violentos.

Os doze sais celulares de Schüssler

Os sais celulares de Schüssler ou sais tissulares são outra forma de medicina energética extremamente útil para o praticante de radiônica e radiestesia. Como os remédios homeopáticos, os sais celulares são administrados em doses mínimas preparadas de maneira parecida. Wilhelm H. Schüssler, o médico alemão que formulou esses remédios em 1873, insistia em que eles não fossem confundidos com os remédios homeopáticos, mas fossem considerados como um sistema terapêutico independente.

O interessante é que os doze sais são elementos que entram na composição de muitos remédios bem conhecidos derivados do reino vegetal. Cada um deles também funciona muito bem com certos remédios homeopáticos. Uma de suas características é a sua suposta correlação com os doze signos do zodíaco.

Esses sais minerais inorgânicos são extremamente importantes, senão essenciais, para o equilíbrio do corpo humano. Por quê? Porque cada célula do corpo contém os doze sais, que, nas quantidades e proporções adequadas, afetam a estrutura e a vitalidade dos órgãos. O dr. Schüssler acreditava que qualquer redução na quantidade dos sais minerais que perturbasse a ação molecular da célula constituiria uma doença. Esse estado de doença, segundo ele, podia ser remediado pela administração de quantidades mínimas dos mesmos sais.

Os doze sais são perfeitamente atóxicos e não provocam dependência quando são tomados de acordo com as prescrições. Podem ser administrados separadamente ou, no caso de algumas doenças, em combinações prontas — todas as quais podem ser encontradas na maioria das lojas de produtos naturais e homeopáticos. Os sais celulares de Schüssler são também, muitas vezes, eficazes nos primeiros socorros e na cura a distância.

Damos a seguir uma breve descrição dos sais celulares, da sua ação principal e de suas associações com os signos do zodíaco. Depois, na figura 9-2, propomos uma carta de seleção para ser usada com o pêndulo.

Signo Astrológico	Sal Bioquímico	Ação
Câncer	Calç. fluor. (Fluoreto de cálcio)	Dá elasticidade aos tecidos; ajuda a circulação.
Capricórnio	Calç. phos. (Fosfato de cálcio)	Promove a formação de ossos e dentes sólidos; alivia as dores da dentição; cura os ossos; colabora com a assimilação dos alimentos.
Escorpião	Calç. sulph. (Sulfato de cálcio)	Purifica o sangue; alivia as erupções cutâneas.
Peixes	Ferr. phos. (Fosfato de ferro)	Auxilia a distribuição do oxigênio. É um componente dos glóbulos vermelhos.
Gêmeos	Kali. mur. (Cloreto de potássio)	Controla a formação de coágulos nos vasos sangüíneos; axilia na formação da fibrina a partir da albumina; remedia resfriados e tosse.
Áries	Kali. phos. (Fosfato de potássio)	Nutre os nervos; alivia dores de cabeça.
Virgem	Kali. sulph. (Sulfato de potássio)	Auxilia na formação de um tecido epidérmico saudável; alivia as tosses bronquiais.

Leão	Mag. phos. (Fosfato de magnésio)	Age sobre os nervos e as fibras musculares; diminui as câimbras e nevralgias.
Aquário	Nat. mur. (Cloreto de sódio)	Controla a distribuição de água nos tecidos.
Libra	Nat. phos. (Fosfato de sódio)	Regula o equilíbrio entre acidez e alcalinidade; neutraliza a hiperacidez.
Touro	Nat. sulph. (Sulfato de sódio)	Elimina o excesso de água; estimula o fígado e o pâncreas.
Sagitário	Silica — Silicea tera (Dióxido de silício)	Auxilia na eliminação dos dejetos; combate inflamações, furúnculos e fragilidade das unhas.

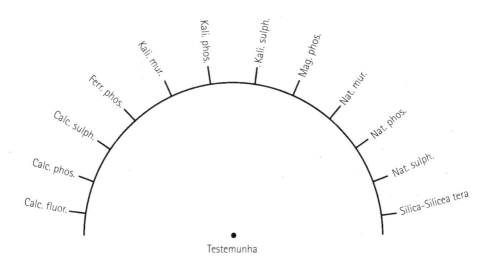

Figura 9-2 Carta de Seleção dos Sais Celulares

A homeopatia e os sais celulares de Schüssler são apenas duas formas de medicina energética. Não há dúvida de que, no futuro, haverá muitas outras modalidades de autocura, convidando os indivíduos a assumir de novo a responsabilidade por sua saúde e bem-estar. Essa atitude por si só às vezes basta para devolver a energia a um organismo que busca recuperar seu equilíbrio. Afinal de contas, a realidade essencial não é a matéria, mas a mente; é a mente que cria a matéria.

> *Na realidade, é a mente do homem a responsável por sua saúde ou doença. Ele mesmo é o motor de uma ou de outra. Por isso, em se tratando de curar, ele precisa criar em sua mente a fé necessária para essa finalidade.*

> — Sri Sathya Sai Baba

C A P Í T U L O   1 0

Os Sete Raios Cósmicos

A Descoberta do Potencial da Alma

Homem, conhece-te a ti mesmo.

— Plutarco

OS SETE RAIOS estão entre as forças energéticas mais curiosas. Foram apresentados aos praticantes de radiônica há mais de vinte anos por David V. Tansley como um instrumento de análise dos seres humanos. Com isso, abriram-se muitas portas para a comunidade terapêutica. Pelo sistema dos sete raios, agora somos capazes de compreender melhor o progresso dos indivíduos nesta "escola terrestre" em que todos estamos matriculados.

Nos trabalhos que eu mesma tenho feito com os sete raios, constatei reiteradamente que os pacientes são finalmente capazes de desfazer nós que os afligem há anos. Os agentes de saúde de todo tipo, especialmente os psicólogos e psiquiatras, fariam bem em incluir essa técnica em seu trabalho, pois, nas mãos de um conselheiro hábil, os raios podem tornar-se verdadeiros portadores cósmicos da luz.

Pode-se dizer que os sete raios energéticos são as forças que constroem todas as coisas no universo manifestado. Sua natureza essencial e os seus efeitos sobre os seres humanos estão sendo estudados atualmente, mas contêm elementos que a consciência humana não é capaz de compreender.

Cada raio tem características únicas e, como em todas as outras coisas, cada característica tem aspectos positivos e negativos. Os aspectos negativos — chamados fraquezas, vícios e fascinações — são distrações ou obstáculos que têm de ser superados para que a pessoa possa progredir.

Como vimos no Capítulo 1, todo ser humano é um microcosmo do plano universal. Os raios, que sintetizam todas as energias do universo, supervisionam a execução desse projeto. Como se um acorde musical das esferas celestiais propagasse uma reação em cadeia nas coisas que a ele se assemelham, os sete raios iniciam a construção do universo, partindo das imagens maiores para as menores.

Os conhecimentos esotéricos transmitidos através dos séculos parecem concordar com essa idéia. Além disso, afirma-se que todas as informações concernentes ao plano universal foram escritas e transmitidas, achando-se portanto acessíveis a todas as consciências capazes de decifrá-las. Além disso, os físicos modernos, baseando-se pelo menos em parte no conjunto de dados acumulados até agora, asseveram que existem forças imensuráveis e não identificadas. Não há dúvida de que os sete raios, junto com outros aspectos enigmáticos da radiônica e da radiestesia, fazem parte dessas forças.

A atividade vibratória dos raios

Os sete raios estão em constante movimento e circulam em giros dinâmicos à medida que procedem cada qual em seu caminho. Podemos imaginá-los como participantes de uma gigantesca dança cósmica, em perpétuo fluxo e movimento, como diziam os antigos hindus a respeito desses "bailarinos"; outros deram a essa atividade o nome de "yin e yang da existência". Em certas épocas e em determinadas regiões do planeta, certos raios parecem predominar sobre os outros, levando sua intensidade e suas características típicas ao primeiro plano da consciência humana.

Já se disse também que o sistema energético do ser humano tende a ser um composto constituído pelo trabalho dos sete raios. Às vezes essa situação pode criar alguns problemas, quando, por exemplo, a personalidade de uma pessoa vibra em harmonia com um determinado raio e seu corpo físico vibra em harmonia com outro. Ou senão os corpos mental, astral e emocional da personalidade podem ser portadores das vibrações de raios diferentes, bloqueando assim a expressão do potencial da alma.

Para ajudar uma pessoa assim a descobrir o caminho evolutivo que tem de trilhar, pode-se fazer uma análise completa dos raios que participam da sua constituição. Houve ocasiões em que me foi útil fazer o paciente conhecer as várias características dos raios, descritas mais adiante neste capítulo, para identificar as forças construtivas presentes nele. Para essa análise preliminar, usamos o formulário simples representado na figura 10-1. Experimente-o você mesmo.

Os sete raios classificam-se em dois grupos: raios de aspecto e raios de atributo. Os *raios de aspecto* (números um, dois e três) são os raios maiores da força de vontade e do potencial da alma; os *raios de atributo* (números quatro, cinco, seis e sete) são os raios menores da qualidade e do caráter. Os raios menores são combinações dos maiores e, por isso, certas qualidades encontram-se em mais de um deles. Mas, apesar da coincidência de características que influenciam os níveis sutil e material da existência, as vidas dedicadas à realização do potencial da alma são muito diferentes daquelas dedicadas ao desenvolvimento do caráter. E, para cada pessoa, é a compreensão da sua configuração de raios que pode lançar luz sobre o potencial da alma — pelo menos nesta encarnação.

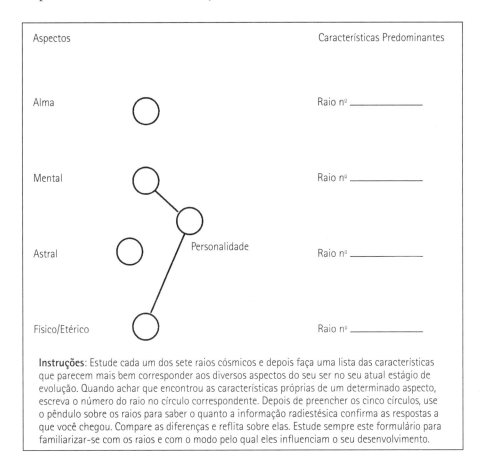

Figura 10-1 Formulário de Auto-Avaliação dos Raios Cósmicos

Os sete raios são... a corporificação de sete tipos de força que demonstram para nós as sete qualidades da Divindade, na forma de som, cor, aroma, gosto e em todas as demais formas da manifestação.

— Dr. Douglas Baker

Características dos raios

Toda doença e todo problema de saúde resulta da atividade de um dos sete tipos de energia que agem sobre o corpo humano. Todos os males físicos nascem do impacto dessas energias imperfeitas quando atingem, penetram e transpõem os centros do corpo. Além disso, a maioria dos distúrbios humanos parecem ter sua origem no nível emocional ou astral. Nesse nível, a relação dos raios com os chakras é um pouco diferente da relação entre eles no nível etérico.

— Alice A. Bailey

As características individuais dos raios serão apresentadas na próxima parte deste capítulo. Essas características foram tiradas de várias fontes de referência: as obras de Alice Bailey, os ensinamentos de David Tansley e *The 7 Human Temperaments** de Geoffrey Hodson. Você notará que os perfis apresentados contêm informações conflitantes a respeito das correspondências cromáticas e das notas musicais. Como sempre acontece na interpretação de descobertas esotéricas, siga sua própria orientação interior para determinar qual o melhor caminho a seguir.

De acordo com Pitágoras e Isaac Newton, cada nota da escala descendente de Dó maior corresponde energeticamente a uma determinada cor, como segue:

Si — Violeta   Mi — Amarelo

Lá — Anil   Ré — Laranja

Sol — Azul   Dó — Vermelho

Fá — Verde

---

* *O Homem e seus Sete Temperamentos*, publicado pela Editora Pensamento, São Paulo, 1987.

Em *Psicologia Esotérica I*, Alice Bailey inclui uma lista das cores esotéricas e exotéricas de cada raio.

Nos trabalhos que eu mesma fiz com a análise dos raios, descobri que o ato de meditar no símbolo do raio da alma, na nota musical e na cor do raio tende a "atrair" a influência do raio da alma predominante, facilitando assim que sejam superados os obstáculos à sua expressão. Afinal de contas, estamos aqui, cada um de nós, para realizar o potencial da nossa alma; e, para conhecer essa informação, o que pode ser melhor do que fazer soar sua nota vibratória?

A radiestesia também pode nos ajudar a determinar técnicas de ressonância e configurações de raios. Contudo, o operador do pêndulo deve estar com a mente bem lúcida quando for fazer essas determinações.

O uso dos raios na análise radiônica, demonstrado na obra de Tansley, dá ao praticante informações úteis sobre o paciente. Mesmo assim, os sete raios devem ser estudados cuidadosamente para que o praticante não venha a tirar conclusões inválidas e possivelmente nocivas. Os livros de Tansley são altamente recomendados para quem pretende mergulhar mais fundo nos aspectos esotéricos do sistema de análise pelos sete raios.

Ao estudar os perfis apresentados a seguir, você verá que cada raio tem afinidade com um outro raio — o primeiro com o sétimo, o segundo com o sexto e o terceiro com o quinto. Hodson diz que os três primeiros raios são a "animação espiritual" dos três últimos, todos os quais fazem sentir seus efeitos sobre a forma; e que o quarto raio age como uma ponte "tanto entre os pares correlatos quanto entre os dois grupos de três".

Os raios também regem chakras específicos. Na verdade, são as *energias* que fluem por esses centros de força; são também os programadores dos mesmos centros. No processo de penetração dos corpos sutis, porém, as funções dos raios mudam. Depois de estudar *Chakras, Rays and Radionics* de Alice Bailey, Tansley percebeu mudanças nos raios três, quatro e sete à medida que passam do corpo etérico para o corpo astral mais sutil. As mudanças estão indicadas abaixo. Uma vez que é no corpo astral que começa a maioria dos problemas, o tratamento desse nível costuma ser de grande utilidade.

Raio	Aspecto Etérico do Chakra	Aspecto Astral do Chakra
1	coroa	coroa
2	coração	coração
3	garganta	sacro
4	Fronte	base
5	Sacro	garganta
6	Plexo solar	plexo solar
7	Base	fronte

Nos últimos anos, novos raios chamaram a atenção de inúmeros médiuns nos Estados Unidos e em outros países. O melhor, porém, é ter cuidado com essas informações, uma vez que, ao contrário da literatura esotérica sobre os sete raios, elas ainda não passaram por décadas de estudo e experimentação. Ao mesmo tempo, não se esqueça de que é possível que novas informações estejam chegando a nós agora para ajudar a acelerar a evolução humana; é possível que nesse influxo haja também informações sobre novas forças cósmicas com as quais podemos trabalhar. Essencialmente, as novas informações em questão indicam a existência de cinco ou mais raios que parecem servir não de forças construtivas, mas de forças luminosas de purificação que podem nos ajudar a estabelecer contato com os mundos superiores durante o novo milênio.

> *Quando a hipótese da alma for aceita, quando a natureza da energia espiritual que flui através da alma for admitida e quando o mecanismo dos centros de força for estudado, progrediremos rapidamente rumo ao conhecimento.*
>
> — Alice A. Bailey

Os perfis dos sete raios

As influências de cada um dos sete raios estão resumidas nas páginas seguintes. Depois de estudar-lhes as características, identifique o raio que desempenha papel de destaque em sua vida — e não se surpreenda se encontrar mais de um. Peça a seus clientes ou pacientes que leiam os perfis e escolham os que lhes parecerem mais familiares. Para verificar a precisão das escolhas, submeta todos os palpites ao teste do pêndulo. E lembre-se que o raio da alma predominante em cada pessoa pode mudar com o tempo. Este exercício, por si só, vai aprofundar sua compreensão de seus pacientes e a compreensão que eles têm deles próprios.

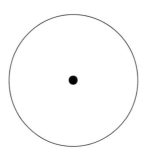

Primeiro Raio

É a vontade que inicia.
— Alice A. Bailey

Qualidades:	Poder, vontade, coragem, auto-suficiência
Tipo:	Soberano, guerreiro, explorador, estadista, líder
Maior bem/ maior mal:	Poder, força/Fraqueza, desistência
Força motriz:	Conquistar, vencer, realizar, descobrir a realidade última; freqüentemente atinge a sua melhor forma na adversidade
Maior realização:	Vitória; onipotência, maravilhamento do poder, da realeza, do domínio sobre a natureza e sobre o aspecto exterior do seu próprio ser; a vontade como uma expressão espontânea do altruísmo
Método de ensino:	Impor a verdade; deixar o discípulo sozinho; exílio
Meio de realização:	Concentrar as forças de vontade; superar, vencer; destruir; declarar que a própria vontade é a autoridade suprema, que o próprio caminho é O Caminho por excelência; disciplinar os subordinados
Fraquezas, vícios ou fascinações:	Tirania, orgulho de si mesmo, dominação, desprezo, egoísmo, sede de poder, rigidez, extravagância, individualismo

Causas de sofrimento:	Derrota, degradação, deslocamento, humilhação, subordinação, exílio
Religião correlata:	Hinduísmo
Arte:	Dança; o criador das danças
Gema:	Diamante
Cores:	Branco ígneo, azul-elétrico, escarlate, laranja
Nota musical:	"Dó"

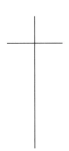

Segundo Raio

É o aspecto de Cristo ou de Vishnu; é o aspecto de consciência senciente da divindade na forma.
— Alice A. Bailey

Qualidades:	Amor e sabedoria universais, intuição, filantropia, sentido de unidade, ressonância espiritual, cooperação
Tipo:	Sábio, agente de cura, professor, reformador, amante dos seres humanos e de todas as formas de vida
Maior bem/ maior mal:	Sabedoria e amor/Ódio
Força motriz:	Salvar, iluminar, ensinar, partilhar, curar
Maior realização:	Realização plena e indestrutível da unidade; transmissão da sabedoria; onisciência; expansão contínua da experiência da unidade
Método de ensino:	Partilhar o conhecimento, iluminar a partir de dentro, dar felicidade
Meio de realização:	Ideação e percepção intuitivas, auto-iluminação; convencer, negociar, não resistir, dar a outra face

Fraquezas, vícios ou fascinações:	Sentimentalismo, sensualidade, impraticidade; sacrificar-se pelos outros sem sabedoria (minando-lhes a autoconfiança e aumentando-lhes o egoísmo); dar mais importância à vida do que à forma
Causas de sofrimento:	Desolação, solidão, isolamento, exclusão; desconsideração, abuso da fé e da confiança; frieza, deslealdade, mal-entendidos
Religião correlata:	Budismo
Arte:	Música, a arte da harmonia e da preservação
Gema:	Safira
Cores:	Azul-celeste, anil
Nota musical:	"Sol"

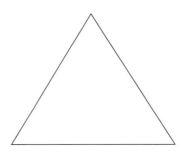

Terceiro Raio

*A divisão dos aspectos e das forças é irreal,
exceto para os fins da inteligência que compreende....
É esta a vontade do propósito condicionado.*
— Alice A. Bailey

Qualidades:	Compreensão, faculdade mental penetrante e capaz de interpretar, adaptabilidade, tato, dignidade, imparcialidade
Tipo:	Filósofo, erudito, juiz, embaixador, diplomata, astrólogo
Maior bem/ maior mal:	Compreensão/Equilíbrio mental
Força motriz:	Criar, entender
Maior realização:	Compreensão da verdade; genialidade resultante do excesso de contemplações
Método de ensino:	Explanação dos princípios, comunicação impessoal, adaptação da metodologia às necessidades individuais
Meio de realização:	Pensamento seqüencial prolongado; a compreensão correta gera a atividade correta; diligência

Fraquezas, vícios ou fascinações:	Ver um número demasiado de aspectos da mesma questão; indecisão, crueldade, astúcia, frieza; intriga, separar-se dos outros, não prestar-lhes seu apoio em tempos de crise; diletantismo; mentira ardilosa e deliberada
Causas de sofrimento:	Indignidade; incompetência provada; escuridão
Religião correlata:	Religião caldéia e egípcia
Arte:	Literatura, poesia, oratória
Gema:	Esmeralda
Cores:	Verde, amarelo
Nota musical:	"Fá"

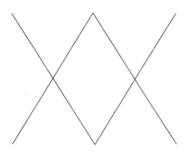

Quarto Raio

Este é o Raio da Harmonia... é também a Harmonia pelo Conflito. É um raio importantíssimo, pois nos dá a compreensão de todo o problema da dor e do sofrimento.
— Alice A. Bailey

Qualidades:	Estabilidade, harmonia, equilíbrio, beleza, ritmo
Tipo:	Artista (o veículo de expressão é influenciado pelo sub-raio), mediador, intérprete
Maior bem/ maior mal:	Beleza/Feiúra
Força motriz:	Embelezar
Maior realização:	Harmonia, equilíbrio, o retrato perfeito; percepção do belo
Método de ensino:	Dramatizar; ilustrar; elevar pela beleza e pela linguagem rítmica
Meio de realização:	Dramatização; o apelo da beleza e da perfeição física; encantamento
Fraquezas, vícios ou fascinações:	Alternância entre estados de desespero e exaltação, sensualismo, artificialidade, presunção, busca do prazer e do deleite
Causas de sofrimento:	Frustração, incapacidade de se expressar perfeitamente

Religião correlata:	Religião órfica e egípcia
Arte:	Ópera
Gema:	Jaspe
Cores:	Amarelo, cor de cobre
Nota musical:	"Mi"

Quinto Raio

*Este raio... demonstra ser o revelador do caminho...
o homem aprende a usar todo o conhecimento adquirido
da "forma divina" de tal modo que a vida interior é estimulada
e a exterior torna-se a expressão magnética da vida divina.*
— Alice A. Bailey

Qualidades:	Mentalidade lógica e analítica, precisão, paciência
Tipo:	Cientista, advogado, matemático, alquimista
Maior bem/ maior mal:	Verdade, conhecimento, fato/Inverdade, ignorância, alteração dos fatos
Força motriz:	Descobrir; sede de conhecimento
Maior realização:	Conhecimento; maravilhamento com o domínio mental dos fatos
Método de ensino:	Gráficos, elucidações, diagramas, detalhes; desenvolvimento da precisão
Meio de realização:	Pensar, buscar, procurar, sondar, experimentar; observação paciente; cálculo dos fatos e dedução precisa

Fraquezas, vícios ou fascinações:	Estreiteza de visão, egocentrismo; impressão de falta de tempo; orgulho, avareza, crítica, astúcia, frieza, mente bitolada; pedantismo, uso de subterfúgios ou evasivas, curiosidade, mesquinharia, separatividade, hábito de tudo compartimentar, exigência; dar mais importância à forma do que à vida
Causas de sofrimento:	Zombaria, derrota mental, provar a si mesmo que está totalmente errado
Religião correlata:	Zoroastrianismo
Arte:	Pintura
Gema:	Topázio
Cores:	Amarelo, laranja, verde
Nota musical:	"Ré"

Sexto Raio

Expressa os desejos de Deus e é a energia básica que emana do plano astral cósmico. Oculta o mistério que se encontra na relação entre a vontade e o desejo.
— Alice A. Bailey

Qualidades:	Concentração, ardor, entusiasmo ardente, devoção, lealdade, amor sacrificial
Tipo:	Santo, místico, devoto, mártir, evangelista, servidor, amigo fiel
Maior bem/ maior mal:	Unidade e uma causa, lealdade, fidelidade/ Deslealdade, separatividade, individualismo
Força motriz:	Servir e venerar; adorar a causa
Maior realização:	Sacrifício de si mesmo; o gosto da adoração; martírio, serviço, amizade
Método de ensino:	Suscitar, inspirar, evocar a adoração de um herói
Meio de realização:	Concentração
Fraquezas, vícios ou fascinações:	Excessivamente emotivo; impulsividade, estreiteza da mente, intolerância, fanatismo, devoção cega a personalidades; tendência a ignorar ou desprezar o intelecto; sensualidade

Causas de sofrimento:	A deslealdade das pessoas que ama e em quem confia; ser mal compreendido e ter suas intenções mal interpretadas; ideais que se revelam imperfeitos
Religião correlata:	Cristã
Arte:	Arquitetura (música congelada)
Gema:	Rubi
Cores:	Violeta, cor-de-rosa, rosa ígneo
Nota musical:	"Si"

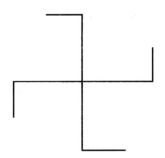

Sétimo Raio

A energia do sétimo raio é a energia necessária para tirar a ordem do caos e o ritmo da desordem. É essa energia que trará a nova ordem mundial pela qual todos os homens anseiam.
— Alice A. Bailey

Qualidades:	Graça, precisão, beleza ordenada, cavalheirismo, dignidade, porte nobre; método ordenado, atenção aos detalhes; esplendor
Tipo:	Sacerdote, mago, cavaleiro, político, produtor, mestre de cerimônias, ritualista
Maior bem/ maior mal:	Ordem/Desordem
Força motriz:	Controlar energias indomáveis, tornar manifesto
Maior realização:	Esplendor ordenado, maravilhamento com a concentração perfeita que se estende desde o chakra da fronte até o corpo físico
Método de ensino:	Drama; linguagem sagrada
Meio de realização:	Síntese ordenada
Fraquezas, vícios ou fascinações:	Formalismo, amor pela posição e pelo poder; usar a política para os próprios fins e as pessoas como seus instrumentos; burocracia, extravagância, arregimentação; cerimonialismo meticuloso e mecânico

Causas de sofrimento:	Humilhação, perda do poder e da pompa exteriores; frustração, atos e palavras rudes, descortesia, críticas adversas emitidas por pessoa de menos importância
Religião correlata:	Maçonaria, aspectos ritualísticos de todas as religiões
Arte:	Escultura
Gema:	Ametista
Cores:	Púrpura, violeta, anil
Nota musical:	"Lá"

Enquanto cultura, enquanto espécie, enquanto planeta, para onde nos encaminhamos? Só o tempo dirá. Atualmente, parece que, nos Estados Unidos, as idéias sobre a cura estão mudando rapidamente. A receptividade às novas técnicas está crescendo. O esforço — às vezes bastante árduo — para se manter o equilíbrio e a harmonia resiste apesar das pressões contrárias de certos interesses especiais e de um meio ambiente que se deteriora a olhos vistos.

Esse ritmo de mudança tende a se acelerar à medida que nos aproximamos da constituição de uma cultura mundial. Se acabarmos por provocar efetivamente esses desastres da Terra e da infra-estrutura que há tanto tempo foram previstos, a radiônica e a radiestesia poderão ser poderosos instrumentos para o cuidado da saúde. Se, em vez disso, caminharmos a passos largos para a harmonia, poderemos manifestar um mundo onde todos assumirão a responsabilidade pela própria saúde e terão liberdade para escolher o método de apoio e o praticante que quiserem. Quer num caso, quer no outro, a tarefa que nos cabe é simples: mergulhar a fundo e com criatividade no estudo dos padrões energéticos, desenvolver nossas habilidades nesses métodos e *praticar*.

Apêndice

Técnicas de Limpeza e Purificação

Limpar e descansar a mente

Sri Sathya Sai Baba diz que existem muitos perigos ocultos na meditação, pois a maioria dos instrutores ou guias de hoje em dia nem são plenamente realizados nem conhecem todas as armadilhas da prática. Acrescenta que atualmente o único guia confiável é Deus e a única técnica segura é a meditação Jyoti — um antigo método de concentração na luz divina por meio da chama de uma vela.

A meditação Jyoti

- Peça a Deus, ou à sua concepção de um ser supremo e absoluto, que aceite e oriente sua meditação.
- Sentado confortavelmente com a coluna reta, olhe para a chama de uma vela com as pálpebras semicerradas.
- Continue olhando para a vela até sua respiração tornar-se lenta e regular.
- Continue olhando para a vela até ser capaz de visualizá-la de olhos fechados.
- Pela visualização, traga a luz da fronte para o coração; imagine que as pétalas do lótus do coração estão se abrindo, purificando todos os seus pensamentos e emoções. Depois faça a luz passear por todo o seu corpo, dissipando toda escuridão dentro do seu ser. Cada vez que você move a luz dessa chama pura, a área para onde ela vai se purifica.

- Agora use a chama para abençoar amigos, familiares e o mundo inteiro.
- Traga a chama de volta para dentro do seu coração e continue sentado em silêncio.
- Faça uma oração de amor e gratidão a Deus.

> *Meditação é o nome de um período de descanso que damos à mente ocupada e transviada.*
>
> — Sri Sathya Sai Baba

Purificação de alimentos e do corpo físico

Hoje em dia, somos atacados incessantemente por substâncias nocivas ao corpo humano. Nem as hortas orgânicas conseguem nos proteger dos efeitos dos poluentes malignos. A água de torneira que bebemos, considerada "segura", freqüentemente contém resíduos de lixo industrial. Cada vez mais vêm à tona novos exemplos de contaminação por resíduos tóxicos. Além de informar o público sobre o estado do nosso meio ambiente, podemos tomar certas precauções com o nosso corpo e com os alimentos que ingerimos a fim de chegar a um estado mais equilibrado de bem-estar.

Existem banhos capazes de limpar eficazmente os resíduos tóxicos de metais pesados, radiação e pesticidas que se acumulam em nosso corpo. Um dos ingredientes mais altamente terapêuticos que se podem acrescentar à água do banho é a boa e velha *água sanitária.** Há décadas que os médicos do Exército da Paz, que vivem em áreas remotas do globo, usam esse produto para purificar a água. Segundo os bioquímicos, a água sanitária oxida os grupos sulfídricos livres — potenciais formadores de radicais — e transforma-os em dissulfetos, coibindo assim sua ação destrutiva. A água sanitária pode ser usada para limpar o corpo e remover alguns poluentes nocivos que podem se acumular nas frutas, verduras e legumes no seu caminho da semente até a mesa. O *peróxido de hidrogênio* (H_2O_2 — água oxigenada) a 3% serve à mesma finalidade. Existem também preparados homeopáticos que podem ajudar o corpo a se livrar de metais tóxicos. Os quatro métodos de purificação apresentados a seguir são fáceis e eficazes.

---

* Solução de hipoclorito de sódio a 2,5%. (N.T.)

Banho para a remoção de metais

Muitas pessoas tomam este banho todos os dias para compensar o fato de estarem permanentemente expostas ao alumínio, ao mercúrio e a outros metais tóxicos. O melhor é tomá-lo à noite, antes de ir para a cama.
- Acrescente um copo de água sanitária a uma banheira cheia d'água, com a água na temperatura máxima que você for capaz de suportar.*
- Fique na água por pelo menos 30 minutos ou até a água chegar à temperatura do corpo.
- Seque-se com o ar (não use toalha).
- De manhã, enxágüe o corpo.

Banho para a remoção de radiação

Este banho ajuda a neutralizar a hiperacidez resultante da exposição a raios X e outras formas de radiação. Como no banho anterior, é melhor tomá-lo antes de ir para a cama.
- Acrescente 400 g de sal marinho e 400 g de bicarbonato de sódio a uma banheira cheia d'água, com a água na temperatura máxima que você for capaz de suportar.
- Fique na água por pelo menos 30 minutos ou até a água chegar à temperatura do corpo.
- Seque-se com o ar (não use toalha).
- De manhã, enxágüe o corpo.

Quando tiver ficado exposto a níveis *significativos* de radiação, faça esta bebida:
- Acrescente uma colher (de chá) de sal marinho e uma colher (de chá) de bicarbonato de sódio a 1 litro de água *destilada*.
- Misture bem e divida a água em quatro copos.
- Beba o primeiro copo e uma hora depois beba o segundo.
- Espere mais duas horas e beba o terceiro copo. Depois, espere outras duas horas e beba o quarto.

---

* Não podemos deixar de mencionar que o hipoclorito de sódio, em virtude do seu poder oxidante e da sua alcalinidade, pode ser corrosivo para a pele e os tecidos. Antes de tomar esse banho, faça um teste numa região mais sensível da sua pele (parte de dentro do antebraço) e observe se não ocorrem reações. (N.T.)

- Se precisar de mais solução para neutralizar os sintomas, tome um copo a cada três horas.

(*Obs.*: Para proteger-se ainda mais, tome 3 tabletes de lactato de sódio com cada copo da solução.)

Banho para a remoção de poluentes

Banhos preparados com sais Epsom, ervas ou vinagre de maçã ajudam a tirar os poluentes do corpo. O banho de água com vinagre de maçã é altamente recomendado depois da exposição excessiva ao monóxido de carbono.

(*Obs.*: Nos programas de cura natural que ajudam o corpo a se livrar das toxinas e venenos acumulados no decorrer do tempo, é comum que ocorram reações estranhas. Na maior parte das vezes, estas assumem a forma de erupções cutâneas, febre ou calafrios. Às vezes, quando o grau de intoxicação é extremo, a água do banho perde a cor.

Banhos de limpeza para verduras, frutas e legumes

Este tratamento não só desintoxica os produtos agrícolas como também torna-os mais bonitos e duráveis. O tratamento foi usado como base de um extenso programa de limpeza e desintoxicação desenvolvido na Faculdade de Nutrição da Sierra States University, Califórnia. Depois disso foi adotado por outras organizações que relataram excelentes resultados.

- Acrescente uma colher de chá de água sanitária a 5 litros de água.
- Mergulhe nessa solução as verduras e as frutas e legumes de casca fina por 10 minutos. Para raízes ou legumes de casca grossa, deixe-os na solução por 15-20 minutos.
- Tire as verduras, os legumes e as frutas; enxágue em água limpa por 10-15 minutos; seque e guarde.

(*Obs.*: Se você deixar os legumes na solução por muito tempo, eles ficarão moles e descorados devido à oxidação; por isso, não os deixe mais tempo do que o necessário e enxágue-os bem. Nunca use mais água sanitária do que o indicado.)

Glossário

Alopatia. Baseado no modelo tradicional da medicina no Ocidente, em que os medicamentos têm qualidade oposta à da doença.

Attar. Um óleo essencial puro usado para ativar os processos de cura do corpo.

Campo de pensamento (Campo P). Campo de energia que, acredita-se, influencia a cura por ligar-se diretamente à matéria.

Campo Organizacional (Campo O). Campo de energia que rodeia o universo e emana do Criador, da Mente divina.

Campo vital (Campo V). Campo energético que parece preceder a existência da forma física a que corresponde.

Cartões de Rae. Uma série de cartões de tratamento baseados em desenhos geométricos.

Chakra. "Roda" em sânscrito; canal de energia sutil ao longo da coluna vertebral.

Corpo etérico (também chamado corpo vital). Veículo sutil que envolve e interpenetra o corpo físico, emitindo uma energia que mantém unida a personalidade.

Cromoterapia. Modalidade de cura baseada nas cores.

Fotografia Kirlian. Técnica fotográfica que captura os campos energéticos que se irradiam dos seres vivos.

Freqüência eletromagnética. O número de oscilações por segundo de uma onda eletromagnética que, no campo energético do corpo, está sujeita à influência de forças exteriores.

Freqüências. Unidades de medida indicadas nos mostradores dos instrumentos radiônicos e controladas antes do tratamento e durante o mesmo.

Homeopatia. Medicina energética que cura pelo fortalecimento do próprio mecanismo de força vital do corpo e por meio de remédios diluídos que, em doses maiores, produzem sintomas semelhantes aos da doença a ser curada.

Miasma. Predisposição à doença crônica causada pelo fato de o corpo etérico absorver uma energia poluída vinda do campo etérico da Terra.

Nadis. Em sânscrito, "movimento". São os canais sutis que formam uma rede nervosa etérica pela qual flui a energia da força vital.

Polaridade. A interação harmônica de forças carregadas positiva e negativamente.

Posição crítica de rotação (PCR). A orientação correta para uma testemunha. É usada para "sintonizar" uma transmissão.

Prana. "Força vital" em sânscrito.

Pranamônica. Novo sistema de cura que trata simultaneamente o corpo, a mente e o espírito.

Radiação. As ondas de energia que emanam de todas as coisas.

Radiestesia. O uso do pêndulo para fazer diagnósticos e prescrever remédios para as doenças.

Radiônica. Método de cura a distância por meio de instrumentos e da percepção intensificada.

Sanjeevini. Sistema de cura supostamente vedântico, baseado na oração, que faz uso de diagramas geométricos para infundir poder de cura em substâncias comuns.

Sctc raios cósmicos. As forças que constroem todas as coisas no universo manifestado.

Testemunha. Uma amostra — uma mecha de cabelo, pingo de sangue, saliva, urina, fotografia ou assinatura original — que porta as vibrações do paciente de quem se faz o diagnóstico ou que recebe o tratamento.

Referências

Livros e Periódicos

Radiônica

Baerlain, E., e L. Dower. *Healing with Radionics*. Wellingborough, Inglaterra: Thorsons Publishers, 1980. Pode ser obtido mediante a Keys College of Radionics, PO Box 194, Londres SE16 1Q2, Inglaterra.

Mason, Keith. *Radionics and Progressive Energies*. Essex, Inglaterra: C. W. Daniel Company, 1984.

Paris, Don. *Regaining Wholeness through the Subtle Dimensions*. Stanwood, estado de Washington: Living from Vision, 1993.

Radionic Journal. Pode ser obtido mediante a The Secretary, The Radionic Association and the School of Radionics, Baerlein House, Goose Green, Deddington, Banbury, Oxon 0X15 0SZ, Inglaterra.

Russell, Edward W. *Report on Radionics*. Suffolk, Inglaterra: Neville Spearman, 1973.

Tansley, David V. *Chakras, Rays and Radionics*. Essex, Inglaterra: C. W. Daniel Company, 1984; *Dimensions of Radionics*. N. Devon, Inglaterra: Health Science Press, 1977; *Radionics and the Subtle Anatomy of Man*. N. Devon, Inglaterra: Health Science Press, 1972; e *The Raiment of Light*. Londres: Routledge & Kegan Paul, 1984. [*Chakras, Raios e Radiônica*, publicado pela Editora Pensamento, São Paulo, 1989; *Dimensões da Radiônica*, publicado pela Editora Pensamento, São Paulo, 1986.]

Radiestesia

Blackburn, Gabrielle. *The Science and Art of the Pendulum*. Ojai, Califórnia: Idylwild Books, 1983. [*A Ciência e a Arte do Pêndulo*, publicado pela Editora Pensamento, São Paulo, 1998.]

Graves, Tom. *The Elements of Pendulum Dowsing*. Dorset, Inglaterra: Element Books, 1989.

Mermet, Abbé. *Principles and Practice of Radiesthesia*. Londres, Inglaterra: Robinson & Watkins Books, 1959.

Richards, W. Guyon. *The Chain of Life*. Essex, Inglaterra: C. W. Daniel Company, 1954.

Tomlinson, H. *The Use of the Pendulum in Medicine*. Londres, Inglaterra: Medical Society for the Study of Radiesthesia.

Wethered, V. D. *An Introduction to Medical Radiesthesia and Radionics*. Devon, Inglaterra: Health Science Press.

Filosofia esotérica

Bailey, Alice A. *Esoteric Healing, Esoteric Psychology* Vols. 1 e 2, *A Treatise on Cosmic Fire* e *A Treatise on White Magic*. Nova York: Lucis Publishing Company, 1979, 1982.

Eastcott, Michal J. *The Story of Self*. Wheaton, Illinois: Theosophical Publishing House, 1980.

Gerber, Richard. *Vibrational Medicine: New Choices for Healing Ourselves*, Santa Fé, NM: bear & Co., 1988. [*Medicina Vibracional: Uma Medicina para o Futuro*, publicado pela Editora Cultrix, São Paulo, 1992.]

Hall, Manly P. *Man: Grand Symbol of the Mysteries*. Los Angeles: Philosophical Research Society, 1972.

Hunt, Valerie V. *Infinite Mind: The Science of Human Vibrations*. Malibu: Malibu Publication Company, 1989.

Joy, W. Brugh. *Joy's Way*. Boston: Houghton Mifflin Company, 1979.

Jurriaanse, Aart. *Bridges*. Cidade do Cabo: Sun Centre School of Esoteric Philosophy, 1978.

Parrish-Harra, Carol E. *Adventure in Meditation: Spirituality for the 21st Century*, vols. 1, 2 e 3. Tahlequah, Oklahoma: Sparrow Hawk Press, 1997.

Study Group. *Spirituality and Science*. Bombaim: Sri Sathya Sai Baba Trust, 1985.

Zambucka, Kristin. *Ano Ano, the Seed*. Honolulu: Mano Publishing, 1978.

Padrões geométricos

Westlake, Aubrey T. *The Pattern of Health*. Londres: Shambhalla, 1973.

Aromaterapia

Tisserand, Robert B. *The Art of Aromatherapy*. Nova York: Destiny Books, 1977.

Young, Gary D. *An Introduction to Young Living Essential Oils and Aromatherapy*. Salt Lake City, Utah: Essential Press Publishing, 1996.

Cromoterapia

Bhattacharya, B. *VIBGYOR: The Science of Cosmic Ray Therapy*. Índia: Good Companions, 1957.

Brennan, Barbara Ann. *Light Emerging: The Journey of Personal Healing*. Nova York: Bantam Books, 1993. [*Luz Emergente: A Jornada da Cura Pessoal*, publicado pela Editora Cultrix, São Paulo, 1995.]

Clark, Linda. *The Ancient Art of Color Healing*. Nova York: Pocketbooks, 1976.

Copen, Bruce. *A Rainbow of Health*. W. Sussex, Inglaterra: Academic Publications, 1975.

Heline, Corinne. *Color and Music in the New Age*. Marina del Rey, Califórnia: DeVorss & Company, 1964.

Hunt, Roland. *Seven Keys to Color Healing*. Londres, Inglaterra: C. W. Daniel Company, 1971.

Ott, John N. *Health and Light*. Nova York: Pocketbooks, 1976.

Gemas

Cayce, Edgar. *Gems and Stones*. Virginia Beach, Virgínia: A. R. E. Press, 1976.

Gurudas. *Gem Elixirs and Vibrational Healing*, vol. 2. Boulder, Colorado: Cassandra Press, 1985.

Mella, Dorothee L.. Co-autora: Michelle Lusson. *Gem Pharmacy*. Albuquerque, Novo México: Domel Tote-a-Book, 1992.

Homeopatia e Sais Celulares

Bhattacharya, A. K. *Eclectic Medicine*. Calcutá: Firma KLM Private Ltd., 1984.

Boericke, William. *Homeopathic Materia Medica*. Filadélfia: Boericke & Runyon, 1927.

Boericke, William, e W. A. Dewey. *The Twelve Tissue Remedies of Schüssler*, 6ª ed. Nova Delhi: B. Jain Publishing Private Ltd., 1985.

Cummings, Stephen, e Dana Ullman. *Everybody's Guide to Homeopathic Medicines*. Boston: Houghtom Mifflin Comapny, 1984.

Shepherd, Dorothy. *Homeopathy for the First Aider*. Essex, Inglaterra: Health Science Press, 1980.

Vithoulkas, George. *The Science of Homeopathy*. Nova York: Grove Press, 1980.

Os Sete Raios

Baker, Douglas. *The Seven Rays: Keys to the Mysteries*. Wellingborough, Inglaterra: Thorsons Publishing Group, 1977.

Eastcott, Michal J. *The Seven Rays of Energy*. Tunbridge Wells, Inglaterra: Sundial House, 1980.

Hodson, Geoffrey. *The 7 Human Temperaments*. Adyar, Índia: Theosophical Publishing House, 1977.

EQUIPAMENTOS, REMÉDIOS, PROGRAMAS DE TREINAMENTO E INFORMAÇÕES EM GERAL

Radiônica Instrumentos e cartões de Rae
Magneto Geometric Applications
45 Dowanhill Road
Catford, Londres SE6 15X
Inglaterra

Programas de treinamento
The Keys College of Radionics
Miss Enid A. Eden, HFRadA,
FKColR, BRCP, Chairman
PO Box 194
Londres SE16 1Q2
Inglaterra

The Keys College of Radionics —
filial norte-americana
Dra. Linda Lancaster, MRR,
Chairman
7608 Old Santa Fe Trail
Santa Fe, NM 87505
EUA

Cartões, diagramas e informações sobre Sanjeevini
The Trustees
Sai Sanjeevini Foundation
108/39 Silver Oaks
DLF Phase One
Gurgaon-122002
Haryana, Índia

Sanjeevini USA
Michael Blate, Executive Director
The G-Jo Institute
PO Box 848060
Hollywood, FL 33084-0060
EUA

Informações, *workshops*, SE-5 e equipamento para Qi-Gong
Aquarian Systems, Publishers
PO Box 575
Placitas, NM 87043
EUA

Informações, *Chakra Chips*, pirâmides
Oceana's New Mexico Trading
Company
PO Box 7807
Albuquerque, NM 87194
EUA

Informações sobre pesquisas agrícolas, *workshops* e programas de computador SE-5 e SE-5 Plus
Little Farm Research
993 West 1800 North
Pleasant Grove, UT 84062
EUA

Radiestesia
The American Society of Dowsers,
Inc.
Danville, VT 05828-0024
EUA

Terapias Associadas
The Institute for Complementary
Medicine
21 Portland Place
Londres WIN 3AF
Inglaterra

The International Foundation for
Homeopathy
PO Box 7
Edmonds, WA 98020-0007
EUA

International Society for the Study
of Subtle Energies and Energy
Medicine
356 Goldcon Court
Golden, CO 80403-9811
EUA

National Center for Homeopathy
801 North Fairfax Street
Alexandria, VA 22314
EUA

Parcells System of Scientific
Living, Inc.
(vidro das catedrais)
800-425-0901

Pranamônica
Shelley Donnelly
Mar du Peyron
Fayance
França

United States Psychotronics
Association (pesquisas energéticas
e equipamentos)
PO Box 45
Elkhorn, WI 53121-0045
EUA

Aromaterapia

Pegasus Products, Inc.
PO Box 228
Boulder, CO 80306
EUA

Snow Lotus Aromatherapy, Inc.
875 Alpine Avenue, Suite 5
Boulder, CO 80304
EUA

Young Living Essential Oils
250 South Main Street
Payson, UT 84651
EUA

Gemas

Centergee's Gem Elixirs
2007 NE 39th Avenue
Portland, OR 97212
EUA

Pegasus Products, Inc.
PO Box 228
Boulder, CO 80306
EUA

Essências Florais

Australian Bush Flower Essences
Box 531
Spit Junction
NSW 2088 Austrália

Bach Flower Remedies (informa-
ções e livros)
Mt. Vernon Sotwell
Wallingford, Oxon 0X10 0PZ
Inglaterra

Nelson Bach USA, Ltd.
100 Research Drive
Wilmington, MA 01887
EUA

Bailey Flower Essences
718 Nelson Road
Ilkley, West Yorkshire
LS29 8HN, Inglaterra

REFERÊNCIAS

Centergee's Flower Essence
Pharmacy
2007 NE 39th Avenue
Portland, OR 97212
EUA

North American Flower Essences,
Flower Essence Services & Society
PO Box 1769
Nevada City, CA 95959
EUA

Pegasus Products, Inc.
PO Box 228
Boulder, CO 80306
EUA

Perelandra
PO Box 3603
Warrenton, VA 20188
EUA

Homeopatia
Boericke & Tafel, Inc.
1011 Arch Street
Philadelphia, PA 19107
EUA

Boiron/Borneman
Newton Square, PA 19073
EUA

Dolisos
3014 Rigel Avenue
Las Vegas, NV 89102
EUA

Luyties
PO Box 8080
St. Louis, MO 63156
EUA

Newton Laboratories Inc.
612 Upland Trail
Conyers, GA 30207
EUA

Standard Homeopathic Company
PO Box 61067
Los Angeles, CA 90061
EUA

Impresso por :

gráfica e editora

Tel.:11 2769-9056